José Saramago

Cadernos de Lanzarote

I

A caligrafia da capa é da autoria da pintora
Graça Morais

Terra do pecado
Os poemas possíveis
Provavelmente alegria
Deste mundo e do outro
A bagagem do viajante
As opiniões que o DL teve
O ano de 1993
Os apontamentos
Manual de pintura e caligrafia
Objeto quase
Poética dos cinco sentidos. O ouvido
A noite
Levantado do chão
Que farei com este livro?
Viagem a Portugal
Memorial do convento
O ano da morte de Ricardo Reis
A jangada de pedra
A segunda vida de Francisco de Assis
História do cerco de Lisboa
O evangelho segundo Jesus Cristo
In Nomine Dei
Ensaio sobre a cegueira
Cadernos de Lanzarote. Diário – I
Cadernos de Lanzarote. Diário – II
Cadernos de Lanzarote. Diário – III
Cadernos de Lanzarote. Diário – IV
Cadernos de Lanzarote. Diário – V
Todos os nomes
Discursos de Estocolmo
A estátua e a pedra
O conto da ilha desconhecida
Folhas políticas. 1976-1998
A caverna
A maior flor do mundo
O homem duplicado
Ensaio sobre a lucidez
Don Giovanni ou o dissoluto absolvido
As intermitências da morte
As pequenas memórias
A viagem do elefante
O caderno
Caim
O caderno 2
Claraboia
Alabardas, alabardas, Espingardas, espingardas

José Saramago

Cadernos de Lanzarote

I

Porto
Editora

CADERNOS DE LANZAROTE – DIÁRIO I
José Saramago
3.ª edição

Publicado por
Porto Editora
Divisão Editorial Literária – Lisboa
Email: dellisboa@portoeditora.pt

© 2016, Herdeiros de José Saramago,
Fundação José Saramago e Porto Editora

Capa: Silva!designers

A 1.ª edição de *Cadernos de Lanzarote – Diário I* foi publicada em 1994
pela Editorial Caminho, Lisboa

1.ª edição na Porto Editora: outubro de 2016

Porto
Editora

Rua da Restauração, 365
4099-023 Porto
Portugal

www.**portoeditora**.pt

Execução gráfica **Bloco Gráfico, Lda.**
Unidade Industrial da Maia.

DEP. LEGAL 412463/16
ISBN 978-972-0-04831-8

A Pilar

Eu sou eu e a minha circunstância.

Ortega y Gasset

*Este livro, que vida havendo e saúde não faltando terá conti-
nuação, é um diário. Gente maliciosa vê-lo-á como um exercício
de narcisismo a frio, e não serei eu quem vá negar a parte de verdade que haja no sumário juízo, se o mesmo tenho pensado algumas vezes perante outros exemplos, ilustres esses, desta forma
particular de comprazimento próprio que é o diário. Escrever
um diário é como olhar-se num espelho de confiança, adestrado
a transformar em beleza a simples boa aparência ou, no pior
dos casos, a tornar suportável a máxima fealdade. Ninguém escreve um diário para dizer quem é. Por outras palavras, um diário é um romance com uma só personagem. Por outras palavras
ainda, e finais, a questão central sempre suscitada por este tipo
de escritos é, assim creio, a da sinceridade.*

*Porquê então estes cadernos, se no limiar deles já se estão pro-
pondo suspeitas e justificando desconfianças? Um dia escrevi que
tudo é autobiografia, que a vida de cada um de nós a estamos
contando em tudo quanto fazemos e dizemos, nos gestos, na maneira como nos sentamos, como andamos e olhamos, como vira-
mos a cabeça ou apanhamos um objeto do chão. Queria eu dizer
então que, vivendo rodeados de sinais, nós próprios somos um
sistema de sinais. Ora, trazido pelas circunstâncias a viver longe,*

tornado de algum modo invisível aos olhos de quantos se habituaram a ver-me e a encontrar-me onde me viam, senti (sempre começamos por sentir, depois é que passamos ao raciocínio) a necessidade de juntar aos sinais que me identificam um certo olhar sobre mim mesmo. O olhar do espelho. Sujeito-me portanto ao risco de insinceridade por buscar o seu contrário.

Seja como for, que os leitores se tranquilizem: este Narciso que hoje se contempla na água desfará amanhã com a sua própria mão a imagem que o contempla.

Ilha de Lanzarote, fevereiro de 1994.

15 de abril de 1993

Em janeiro, ainda a casa estava em acabamento, meus cunhados María e Javier, com a participação simbólica mas interessada de Luís e Juan José, trouxeram-me de Arrecife um caderno de papel reciclado. Achavam eles que eu devia escrever sobre os meus dias de Lanzarote, ideia, aliás, que coincidia com a que já me andava na cabeça. A oferta trazia porém uma condição: que eu não me esquecesse, de vez em quando, de mencionar-lhes os nomes e os feitos... As primeiras palavras que escrevo são portanto para eles. Quanto às seguintes, terão de fazer alguma coisa por isso. O caderno fica guardado.

Comecei a escrever o conto do capitão do porto e do diretor da alfândega. A ideia andava comigo há uns cinco ou seis anos, desde o encontro de escritores que por essa altura se realizou em Ponta Delgada, com o Urbano, o João de Melo, o Francisco José Viegas, o Luís Coelho. De lá estavam Emanuel Félix, Emanuel Jorge Botelho, José Martins Garcia e Daniel de Sá. O caso parece ter sucedido mesmo (pelo menos assim me foi dito pela Ângela Almeida), e surpreende-me que ninguém, tanto quanto sei, lhe tenha pegado, até hoje. Veremos o que serei capaz de fazer com ele: ainda vou no primeiro parágrafo. A história parece fácil de contar, daquelas que se despacham em duas frases, mas a simplicidade é enganosa: não se trata de uma reflexão sobre um *eu* e um *outro,* mas da demonstração, anedótica neste caso, de que o *outro* é, afinal, o *próprio.* A anedota acabará por mudar-se em tragédia, mas a tragédia será, ela mesma, cómica.

O José Luís Judas não dá sinal de vida. Os recados ficam no gravador, e resposta, nenhuma. E não sei se, rematado o projeto em nada, como prevejo, o meu sentimento final virá a ser de deceção ou de alívio. De facto, escrever para a televisão uma história de D. João II não foi coisa que alguma vez me tivesse entusiasmado, mas a remuneração do trabalho, nos termos e condições que propus e que, em princípio, foram aceites, ter-me-ia livrado de preocupações materiais, e não apenas para os tempos mais próximos. Depois de tudo, e perante o silêncio do Judas, receio bem que triunfe o meu ceticismo habitual, ficando a perder aquele que o tem, eu.

Em *Schopenhauer y los años salvajes de la filosofía* de Rüdiger Safranski encontro uma frase que gostaria de ter escrito: «O homem é o mais perfeito dos animais domésticos...» O autor dela (se outro não a disse antes) foi um professor da Universidade de Göttingen, de nome Blumenbach. Uma outra frase, magnífica, mas esta de Schleiermacher, que eu teria posto como abertura do *Evangelho,* sem mais: «O que tem religião não é o que crê numa Escritura Sagrada, mas o que não precisa dela e seria, ele próprio, capaz de fazê-la.» (Tradução de tradução.)

A arte não avança, move-se.

10

16 de abril

Deu-se o que previa. Respondendo à carta em que me desligava do júri do Prémio Stendhal, escreve-me Dorio Mutti a rogar-me (a palavra não é exagerada) que continue. Alega que não encontra ninguém para me substituir, que sem mim o Prémio perderá muita da sua importância e da sua credibilidade, que partilha das minhas preocupações quanto à Europa e, finalmente, que o Prémio Stendhal precisa de pessoas que estejam acima de todas as suspeitas. Imagine-se: eu, acima de todas as suspeitas... Tudo isto confirma o que algumas vezes tenho pensado: que Portugal e, pelos vistos, agora também a Europa, devem andar muito mal de gente, para que esta simples pessoa que no fim de contas sou, sem nunca o ter querido e sem o justificar, possa estar a fazer figura de importante e indispensável... Sendo o *ego* o que sabemos, o mais certo será continuar eu no júri.

17 de abril

Carta de agradecimento a uma professora de Filosofia, e seus alunos, da Escola Secundária do Padrão da Légua, em Matosinhos, por um trabalho feito sobre o artigo «Contra a tolerância», que saiu há tempos no *Público*. O divertido é terem-me posto a dialogar com Kant, o que, sendo um abuso intelectual de que estou inocente, pode compreender-se e aceitar-se, se pensarmos que o dito Kant, ao longo da sua vida, teve necessidade de dialogar com muitíssima gente, alguma sublime, outra não tanto, a maior parte assim-assim, e todos esses poderiam dizer: «Kant falou comigo...» Graças ao Padrão da Légua, falei eu com Kant.

Vieram visitar-nos Jaime Salazar Sampaio e Raquel, sua mulher. A ela não a conhecia, a ele pouco, por isso a conversa foi difícil ao princípio. Não se falou de literatura, e ainda bem. Há muito tempo que não leio nada dele, e não queria recorrer às antiguidades que aí tenho: de poesia, *Em Rodagem*, 1949 (que é o seu primeiro livro), e *Poemas Propostos*, 1954; de teatro, *Os Visigodos e Outras Peças*, 1968, e *A Batalha Naval*, de 1970. O tema perfeito — Lanzarote — estava, por assim dizer, à mão de semear, e graças a ele fizeram-se as despesas da conversa. Sinal da idade que tenho é esta preocupação nova de buscar na cara dos outros os estragos que suponho ainda não terem marcado a minha: quando voltei a casa, depois de os acompanhar à estrada que vai para Yaiza, fui ver em que ano nasceu o Salazar Sampaio: 1925. Pois não há dúvida: para os poucos anos que tem, o Jaime está um bocado estragado.

18 de abril

O filme não teve o favor de uma direção de primeira classe (quem é Walerian Borowczyk?), não contou com atores de cartaz (nem um único nome conhecido), a produção (França-Alemanha-Itália), se tinha dinheiro, não o gastou aqui — e, contudo, esta *Lulu* de 1979, tosca, ingénua, quase primitiva (intencionalmente?), híbrida de um expressionismo mal recuperado e de um erotismo que não se decide ou a si mesmo se limita, chega a ser, muitas vezes, perturbadora. A ostensiva nudez de Lulu, apesar de total e exibida sem disfarce, torna-se, a meu ver, demonstração de uma pureza recôndita, essencial, que vai resistir a todas as degradações e a que a morte dará o amargo sabor de uma perda irremediável: Lulu apareceu no mundo, mas o mundo não a reconheceu, usou-a como usaria outra qualquer. Não li nunca o teatro de Wedekind, e à ópera de Alban Berg só a conheço (e mal) de disco, mas este filme de Borowczyk fez-me perceber que Lulu, bem mais do que um mero símbolo do fascínio sexual da mulher, é uma representação angustiante da inacessibilidade irredutível do ser.

19 de abril

Judas falou finalmente. Que amanhã será fixada a data da assinatura do contrato. Que. E que. Não fui capaz de lhe dizer quanto me entristece que tenha aceitado candidatar-se nas listas do PS. Durou pouco o luto.

20 de abril

Esta manhã, quando acordei, veio-me à ideia o *Ensaio sobre a Cegueira,* e durante uns minutos tudo me pareceu claro — exceto que do tema possa vir a sair alguma vez um romance, no sentido mais ou menos consensual da palavra e do objeto. Por exemplo: como meter no relato personagens que durem o dilatadíssimo lapso de tempo narrativo de que vou necessitar? Quantos anos serão precisos para que se encontrem substituídas, por outras, todas as pessoas vivas num momento dado? Um século, digamos que um pouco mais, creio que será bastante. Mas, neste meu *Ensaio,* todos os videntes terão de ser substituídos por cegos, e estes, todos, outra vez, por videntes... As pessoas, todas elas, vão começar por nascer cegas, viverão e morrerão cegas, a seguir virão outras que serão sãs da vista e assim vão permanecer até à morte. Quanto tempo requer isto? Penso que poderia utilizar, adaptando-o a esta época, o modelo «clássico» do «conto filosófico», inserindo nele, para servir as diferentes situações, personagens temporárias, rapidamente substituíveis por outras no caso de não apresentarem consistência suficiente para uma duração maior na história que estiver a ser contada.

21 de abril

Chegou uma cópia da segunda edição de *In Nomine Dei*. Mais cinco mil exemplares, que se vão juntar aos dez mil da edição inicial. Pergunto: que se passa, para que uma peça de teatro atraia tanta gente? Já não é só o romance que interessa aos leitores? Terá isto que ver, apenas, com a simples fidelidade de quem se habituou a ler-me? Ou será que, neste tempo de violência e frivolidade, as «questões grandes» continuam a roer a alma, ou o espírito, ou a inteligência («moer o juízo» é uma expressão com muito mais força) daqueles que não querem conformar-se? Se assim é, espero que venham a sentir-se bem servidos com o *Ensaio sobre a Cegueira...*

22 de abril

Como é que um jornalista aprende a entrevistar? O método antigo deve ter sido o da «tarimba», a experiência ajudada por um jeito natural para a «falinha mansa». Agora imagino que haverá aulas de psicologia aplicada, quem sabe mesmo se de hipnotismo, pois doutro modo não encontro explicação para o que se passou hoje com uma das *chicas* que vieram fazer uma reportagem sobre Lanzarote: as perguntas feitas por esta Elena Butragueño foram do mais simples, do mais direto, género «que é que pensa disto», e contudo dei por mim a falar da minha relação com Lanzarote em termos totalmente novos, dizendo coisas em que até esse momento não havia pensado nunca, porventura nem todas elas sinceras, e que me surgiam como pensamentos, ideias, considerações que fossem, simultaneamente, meus e alheios. No que se pode chamar uma sessão de *dribbling* mental, pareceu-me muito mais eficaz esta Elena do que o seu homónimo Emilio, com a bola, no campo...

23 de abril

Terminado «O Conto Burocrático do Capitão do Porto e do Diretor da Alfândega». Tirando a questão, relativamente insignificante, de saber se o que escrevi é de facto um conto, creio haver posto na história muito mais do que a anedota original prometia. Interessante foi ter repetido, em relato de espírito tão diferente, aquele jogo do mostrar e do esconder que usei nas primeiras páginas do «Centauro», falando, alternadamente, de homem e de cavalo para demorar a informação de que, afinal, era de um único ser que se tratava — o centauro. Neste caso do «Conto Burocrático», o *outro* era, simplesmente, o *mesmo*.

Graças às tão louvadas e tão caluniadas tecnologias, agora o inefável fax (por que é que não dizemos, à moda antiga, fac simile?), pude ler, hoje mesmo, o artigo que o Eduardo Prado Coelho publicou hoje no *Público*. A inteligência deste homem — irritante, às vezes, graças a uma espécie de clareza de visão e de exposição (agressivas pela eficácia, mas nunca pedantes) que é capaz de nos fazer parecer tudo óbvio desde o princípio, quando o que nos teria dado prazer seria ver compartilhadas por ele as dificuldades do nosso próprio entendimento — soube ler, como ninguém o fez até agora, *In Nomine Dei*. Estimam-se aqui os louvores, aliás, como é norma sua, sempre discretos («um texto que equaciona com meios poderosamente pedagógicos todos os problemas da estrutura religiosa do pensamento», «numa dessas fórmulas envolventes e certeiras de que Saramago tem o segredo», «uma contribuição preciosa para aqueles que consideram fundamental a defesa da sociedade civil contra os fanatismos e fantasmas dos fantásticos»), mas o que Prado Coelho diz de mais importante, e que, sem ambiguidades, põe o dedo na ferida que eu pretendi mostrar e desbridar com esta peça, condensa-se em duas perguntas finais: «Como conciliar o princípio da crença com o princípio da tolerância? Seremos nós capazes de viver em crença, para sermos um pouco mais que coisa nenhuma, e aceitarmos a pluralidade inconciliável das crenças?» Ora, se o meu livro foi capaz de suscitar em Prado Coelho estas interrogações, dou-me por satisfeito. Fica demonstrado — e que me seja perdoada a presunção — que algumas interpelações fundamentais também podem ser feitas do lado *de cá*. Não deixo, contudo, de pensar que foi preciso eu ter escrito alguns milhares de páginas e, depois delas, estas de *In Nomine Dei* para que o nosso «conselheiro cultural» (conselheiro em todos os sentidos, não só no diplomático) se dispusesse a olhar com alguma atenção um texto meu.

24 de abril

Passeio com Elena Butragueño e Glória González, que é a das fotos. Javier, pacientíssimo, foi de condutor e guia. Visitámos uma mulher chamada Dorotea, anciã de 94 anos, antiga oleira de obra grossa, uma espécie de Rosa Ramalho mais rústica. Já não trabalha, mas a dinastia (a avó dela já estava nesta arte) continua na pessoa de um genro, que, assinando com o seu próprio nome as peças que faz, também usa, algumas vezes, o nome da sogra... Entre os objetos que produzem, geralmente utilitários (embora seja duvidoso, nesta era do plástico triunfante, que alguém vá utilizar formas tão primitivas e pesadas), há duas figuras humanas, uma de homem, outra de mulher, nuas, com os órgãos sexuais ostensivamente modelados, e a que chamam os Noivos. Parece (mas talvez seja belo de mais para ser verdadeiro) que os noivos *conejeros*, dantes, trocavam um com o outro estas figuras, a noiva dava ao noivo a efígie feminina, o noivo à noiva a efígie masculina, era como se estivessem a dizer: «Este é o meu corpo, aqui o tens, é teu.» Comprámo-los, estão ali, diante de mim, ao lado de uma pequena estante de mesa, provavelmente do século XVIII, que exibe uma figurinha feita de madeiras embutidas representando o Cordeiro de Deus: «Este é o meu Corpo, tomai-o...» Por ideia de Pilar (como poderia não ser?), oferecemos a Glória e Elena dois gomis, do mesmo tipo daquele que já tínhamos comprado, há tempos, no Mirador del Río, e, para nós, também, um jarro de boca baixa e larga que ainda tem cinzas dentro, vestígios do lume em que foi cozido. Estes artesãos não usam forno, as peças são cozidas ao ar livre, sobre grelhas de ferro. Quando Elena perguntou à velha Dorotea se gostava de ver por ali os turistas, ela respondeu que sim, tanto fazia entendê-los como não... O passeio terminou com uma rápida passagem por El Golfo, mas antes tínhamos estado com uma personagem estranhíssima, um Enrique Díaz de Bethancourt, descendente, ao que se diz e ele confirma, da antiga família fundadora, no princípio do século xv. Vive numa *finca* meio abandonada, entre sujidade, trapos velhos, lixo por toda a parte, como um anacoreta descuidado dos primores do corpo, salvo a barba, bem aparada, num estilo entre o profeta e o sátiro. Por trás da casa, na encosta, há uma nespereira cujos frutos devem ser dos mais doces do mundo. No fundo duma cova, agachada sobre a terra negra como um enorme animal escondido, a árvore suga das artérias secas dos vulcões os depósitos alquímicos com que elabora a substância última da doçura. Punha-se o Sol quando regressámos de El Golfo. Uma enorme nuvem cor de fogo quase tocava o alto de uma montanha que refulgia da mesma cor. Era como se o céu não fosse mais do que um espelho e as imagens dele só pudessem ser as da Terra.

25 de abril

Carmélia telefonou de manhã, aos gritos: «25 de Abril, sempre! 25 de Abril, sempre!» Lembrei-me daquela outra chamada, há 19 anos, no meio da noite, quando uma das filhas do Augusto Costa Dias me avisou de que a revolução estava na rua. Agora, o entusiasmo de Carmélia, um entusiasmo de sobrevivente, deixou-me lamentavelmente frio. Depois falámos do andamento da ópera: que Corghi desistiu dos bailados (ótimo), que também renunciou ao Liszt (ótimo), mas que ainda arranjou maneira de o fazer aparecer no final (paciência), aproveitando a circunstância de haver um órgão no palco do teatro de Münster. Segundo parece, confirma-se o interesse do Teatro Alla Scala em participar na produção.

26 de abril

Entrevista a Plínio Fraga, da *Folha de S. Paulo*. Uma das questões era que António Houaiss, aqui há tempos, teria apostado em dois nomes para o Prémio Nobel deste ano: João Cabral de Melo Neto e este servidor. Pedia-se-me que comentasse a declaração de Houaiss e eu lembrei a Plínio o que Graham Greene respondeu a um jornalista que lhe perguntou o que pensava ele da atribuição do Prémio Nobel a François Mauriac. Foi esta a frase histórica: «O Nobel honrar-me-ia a mim, ao passo que Mauriac honra o Nobel.» Aí tem, disse, eu sou o Graham Greene desta história, e João Cabral o Mauriac. Mas, em seguida, esgotada a minha capacidade de abnegação e modéstia, e também para não aparecer aos olhos dos leitores da *Folha* como um sujeitinho hipócrita, acrescentei, desta maneira me sangrando em saúde: «Em todo o caso, parecer-me-ia justo que o primeiro Nobel de Literatura para a língua portuguesa fosse dado a um português, porque, na verdade, vai para novecentos anos que estamos à espera dele, enquanto vocês nem sequer dois séculos de esperanças frustradas levam...»

28 de abril

Giovanni Pontiero convida-me a ir a Manchester e a Liverpool, no outono, e também a Edimburgo, para dar umas conferências. Diz ele que «vão receber uma verba do Governo

Português para promover várias atividades de caráter cultural»
e que «desejam iniciar o programa com uma conferência e a
presença de uma figura de peso no mundo luso-brasileiro». Embora não esteja claramente dito, parece ficar entendido que a tal
figura, para uso imediato, sou eu... Ah, pátria, pátria, que irónica
é a vida! Aquele inefável Governo, todo ele, vai dar urros quando
lhe chegar a notícia de que está a gastar o seu dinheiro com esta
execrada pessoa.

29 de abril

A propósito da publicação em França do seu *Requiem,* Antonio Tabucchi dá uma entrevista a *Le Monde.* Em certa altura,
o entrevistador, René de Ceccaty, informa os seus leitores de
que Tabucchi é o principal introdutor da literatura portuguesa
em Itália, asserção que não pretendo discutir, mas que, desde
logo, seria bastante mais exata se, onde se diz é, se tivesse dito
foi. O que sobretudo me interessa aqui é o que vem a seguir,
posto no francês próprio para que não se percam nem o sabor
nem o rigor: «Toutefois, si l'on évoque José Saramago, Tabucchi
prend un air absent et détourne le regard. Manifestement, c'est
vers une autre littérature que ses affinités le dirigent.» Porque
René de Ceccatty passou de imediato a outro tema, porque, por
distração ou delicadeza, não perguntou a Tabucchi a razão profunda daquele «ar ausente» e daquele «desvio do olhar», devo
ter perdido a grande ocasião de conhecer, enfim, os motivos da
hostilidade mal disfarçada e da evidente frieza que Tabucchi
manifesta sempre que tem de falar de mim ou comigo. Acontece na minha presença, posso imaginar, a partir de agora, como
será a ausência. Disse que perdi a ocasião, mas talvez não seja

assim. Toda a entrevista se desenrola no campo da relação vivencial e intelectual de Tabucchi com Pessoa, e foi justamente isto, este discurso fechado, este ritornelo obsessivo, que, num repente, me pôs a funcionar a intuição: Antonio Tabucchi não me perdoará nunca ter escrito *O Ano da Morte de Ricardo Reis*. Herdeiro, ele, como faz questão de se mostrar, de Pessoa, tanto no físico quanto no mental, viu aparecer nas mãos de outrem aquilo que teria sido a coroa da sua vida, se se tivesse lembrado a horas e tivesse a vontade necessária: narrar, em verdadeiro romance, o regresso e a morte de Ricardo Reis, ser Reis e ser Pessoa, por um tempo, humildemente — e depois retirar-se, porque o mundo é vasto de mais para andarmos cá a contar sempre as mesmas histórias. Admito que a verdade possa não coincidir, ponto por ponto, com estas presunções minhas, mas reconheça-se, ao menos, que se trata de uma boa hipótese de trabalho... Como se já não fosse suficiente carrego ter de levar às costas a inveja dos portugueses, sai-me agora ao caminho este italiano que eu tinha por amigo, com um arzinho falsamente ausente, desviando os olhos, a fingir que não me vê.

Quando *Blimunda* foi representada em Lisboa, escrevi umas poucas linhas para o programa, texto esse a que dei um título: «O Destino de Um Nome». Agora, duas cartas recentes, uma de minha filha, outra de minha neta, fizeram-me voltar a refletir nisto dos nomes das pessoas e respetivos destinos. Contei já como e porquê me chamo eu Saramago: que Saramago não era apelido de família, mas sim alcunha; que indo o meu pai a declarar no registo civil o nascimento do filho, aconteceu que o empregado (chamava-se ele Silvino) estava bêbado; que, por sua própria iniciativa, e sem que meu pai se apercebesse da fraude, acrescentou Saramago ao simples nome que eu devia levar, que era José de Sousa; que, por esta maneira, graças a um desígnio dos fados, se preparou o nome com que assino os meus livros. Sorte minha, e grande sorte, foi não ter eu nascido em qualquer das famílias de Azinhaga que, naquele tempo e por muitos anos mais, ostentavam as arrasadoras e obscenas alcunhas de Pichatada, Curroto e Caralhana... Entrei na vida com este nome de Saramago sem que a família o suspeitasse, e foi mais tarde, quando para me matricular na instrução primária tive de apresentar uma certidão de nascimento, que o antigo segredo se descobriu, com grande indignação de meu pai, que detestava a alcunha. Mas o pior foi que, chamando-se meu pai José de Sousa, a Lei quis saber como tinha ele um filho cujo nome completo era José de Sousa Saramago. Assim intimado, e para que tudo ficasse no próprio, no são e no honesto, meu pai não teve mais remédio que fazer, ele, um novo registo do seu nome, pelo qual passou a chamar-se também José de Sousa Saramago, como o filho. Tendo sobrevivido a tantos acasos, baldões e desdéns, havia de parecer a qualquer um que a velha alcunha, convertida em apelido duas vezes registado e homologado, iria gozar de uma vida longa nas vidas das gerações. Não será assim. Violante se chama a minha filha, Ana a minha neta, e ambas se assinam Matos, o apelido do marido e pai. Adeus, pois, Saramago.

30 de abril

Pergunto-me se estarei a sonhar: a maioria social-democrata da Assembleia Municipal de Mafra votou contra uma proposta da CDU para que me fosse atribuída a medalha de ouro do Concelho, alegando que «estraguei o nome de Mafra» e que o *Memorial do Convento* é «um livro reprovável a todos os títulos». Um outro motivo, não menos principal, terá sido que «não convinha» distinguir um escritor comunista. Quer dizer: tolera-se (com dificuldade) que existam comunistas, consente-se (porque não é possível evitá-lo) que alguns desses comunistas sejam escritores, mas eles que não se lembrem de escrever o *Memorial do Convento*, mesmo que em dois séculos e meio de iluministas e árcades, de românticos e realistas não se tenha achado ninguém para o fazer. Peço, portanto, aos habitantes de Mafra, que, até às próximas eleições locais, considerem esse livro como não existente, uma vez que, por uma razão ou por outra (por não serem dignos dele, ou por ser indigna deles a decisão tomada), não o merecem. Depois, contados os votos, corrigido ou não pelas urnas o atentado que agora foi cometido, contra a inteligência, mais do que contra mim, logo verei se devo restituir a Mafra o *Memorial* que lhe ofereci há onze anos, ou retirar o seu nome do mapa de Portugal que ainda conservo dentro do coração.

1 de maio

Há muitos e muitos anos, antes de 1830, Victor Hugo passou por uma pequena aldeia do País Basco chamada Hernani. Gostou do nome, ao ponto de ter batizado com ele a tragédia que naquele ano se estreou em Paris, no Théâtre Français. Agora, em Hernani, a viúva de Gabriel Celaya, durante um ato de homenagem ao poeta, foi insultada e agredida com tomates e ovos por jovens politicamente ligados a Herri Batasuna, segundo informação da imprensa, que acrescenta ter-se a pobre Amparitxu Gastón abraçado, soluçando, ao busto de Celaya, que ali se inaugurava. Claro está que o primeiro episódio nada tem que ver com o segundo, entrou aqui por simples associação de ideias. Também por associação de ideias, embora não corra eu o risco, sem dúvida terrível, de virem a ser instaladas efígies da minha pessoa onde quer que seja, dou por conselho a Pilar que não caia nunca em ir a Mafra. Não terá nenhum busto a que abraçar-se, e, além dos tomates e dos ovos, bem poderia acontecer que a Juventude Social-Democrata se lembrasse de lhe atirar umas quantas pedras do convento.

Tenho a pena suspensa por quinze dias. José Luís Judas acaba de comunicar-nos que deu à RTP prazo até ao dia 15 deste mês para responder, definitivamente, se sim ou não quer o *D. João II.* Se respondem que sim, condenam-me e absolvem-me, se respondem que não, absolvem-me e condenam-me. Não é uma charada judicial, é uma demonstração, por assim dizer, matemática.

2 de maio

Como será possível acreditar num Deus criador do Universo, se o mesmo Deus criou a espécie humana? Por outras palavras, a existência do homem, precisamente, é o que prova a inexistência de Deus.

3 de maio

No meu tempo de escola primária, algumas crédulas e ingénuas pessoas, a quem dávamos o respeitoso nome de mestres, ensinaram-me que o homem, além de ser um animal racional, era, também, por graça particular de Deus, o único que de tal fortuna se podia gabar. Ora, sendo as primeiras lições aquelas que mais perduram no nosso espírito, ainda que, muitas vezes, ao longo da vida, julguemos tê-las esquecido, vivi durante muitos anos aferrado à crença de que, apesar de umas tantas contrariedades e contradições, esta espécie de que faço parte usava a cabeça como aposento e escritório da razão. Certo era que o pintor Goya, surdo e sábio, me protestava que é no sono dela que se engendram os monstros, mas eu argumentava que, não podendo ser negado o surgimento dessas avantesmas, tal só acontecia quando a razão, pobrezinha, cansada da obrigação de ser razoável, se deixava vencer pela fadiga e mergulhava no esquecimento de si própria. Chegado agora a estes dias, os meus e os do mundo, vejo-me diante de duas probabilidades: ou a razão, no homem, não faz senão dormir e engendrar monstros, ou o homem, sendo indubitavelmente um animal entre os animais, é, também indubitavelmente, o mais irracional de todos eles. Vou-me inclinando cada vez mais para a segunda hipótese, não por ser eu morbidamente propenso a filosofias pessimistas, mas porque o espetáculo do mundo é, em minha fraca opinião, e de todos os pontos de vista, uma demonstração explícita e evidente do que chamo a irracionalidade humana. Vemos o abismo, está aí diante dos olhos, e contudo avançamos para ele como uma multidão de *lemmings* suicidas, com a capital diferença de que, de caminho, nos vamos entretendo a trucidar-nos uns aos outros.

4 de maio

Conferência de Alfredo Bryce Echenique em Arrecife. O lugar do ato foi o auditório da Sociedade Democracia, fundada em 1858 por gente de trabalho, operários e pescadores. Tanto quanto pude concluir da breve explicação que me foi dada por um dos diretores, as suas origens tiveram raiz maçónica. A Sociedade foi obrigada a mudar de nome durante o franquismo — passou-se a chamar-lhe Mercantil — porque, segundo consta da ata onde a mudança ficou registada, a denominação de origem ia contra os princípios do Movimento Nacional... A conferência — «A dificuldade de ser latino-americano» —, trabalho académico, e não literário, segundo as palavras iniciais de Bryce Echenique, foi interessante de seguir, sobretudo enquanto relação e interpretação dos factos históricos, sociais e culturais decorrentes dos Descobrimentos, mas, na sua parte final, apresentou-se como uma demonstração daquela mesma «dificuldade», quando o conferencista manifestou a convicção de que os meios de comunicação de massa e a abertura a uma modernidade veiculada pelo Norte (entenda-se: Estados Unidos) estão servindo para a formação e consolidação de uma identidade latino-americana geral e comum, portanto uniformizadora e supranacional. Curioso é que, não tendo Alfredo feito antes qualquer tentativa para integrar o Brasil colonial e pós-independência no quadro das transformações sociais, económicas e políticas da «restante» América, foi com o Brasil que ele exemplificou essa suposta nova identidade: o urbanismo e a arquitetura de Lúcio Costa e Oscar Niemeyer (pela luminosidade e pela transparência, pelo uso de formas abertas) aparecem-lhe como expressões plásticas próprias da América Latina, sem determinantes exteriores. Independentemente duma reflexão (não possível aqui, nem por quem isto escreve) sobre a pertinência de tal afirmação, quer dizer, saber até que ponto aquele urbanismo e aquela arquitetura serão, de facto, em termos de identidade cultural, uma expressão latino-americana, parece-me manifestar-se aqui, uma vez mais, a complexa e dramática relação que os intelectuais do outro lado do Atlântico

mantêm, ainda hoje, com a Europa. Na sua maioria filhos espirituais dela, pelo menos até esta última geração, tentam despejá-
-la na razão direta da sua própria dificuldade em se reconhecer
como latino-americanos. Afirmar que a obra de um Lúcio Costa
e de um Oscar Niemeyer (cuja importância aqui não se discute)
é, por definição, finalmente latino-americana, é uma maneira,
entre tantas, de dizer algo muito diferente: «Não queremos ter
nada que ver com a Europa, a ela devemos a nossa dificuldade
de ser» — mesmo que o passo seguinte seja cair, e não só cultu-
ralmente, nos braços dos Estados Unidos. O mais provável, vendo
bem as coisas, é que a América Latina não alcance nunca a ser
América Latina...

5 de maio

Andava eu buscando no dicionário de José Pedro Machado
informação sobre uma certa palavra, quando, do fundo da memória, aparentemente sem motivo, me surgiu uma outra, e com
ela uma frase inteira, não ouvida desde há muitos anos — «alanzoar», «que estás tu aí a alanzoar?» —, que minha mãe me dizia
nas vezes que me ouvia protestar contra uma ordem sua, ou
quando, posto de castigo, me desforrava resmungando baixinho contra a desaforada autoridade materna. Nem então, nem
depois, fui procurar no dicionário o significado do termo. Mas
hoje, quando as palavras portuguesas — talvez por estar vivendo
tão fora delas, nesta ilha de Lanzarote — me aparecem como
se acabassem de ser criadas no mesmo instante em que as leio,
ou as digo, ou as evoco, deixei a palavra de que precisava para
o meu trabalho e fui-me a satisfazer a curiosidade: saber, de se-
gura ciência, que «alanzoar» era aquele que eu, menino e moço,

empiricamente andava praticando. Encontrei «tagarelar, falar muito, falar com bazófia, mentir, resmungar, murmurar da vida alheia, pregar moral, repreender, ralhar, impor normas morais, rosnar entre dentes, murmurar, falar baixo criticando» — o suficiente para descobrir, depois de tantos anos, que minha mãe, apesar de analfabeta, sabia muito de língua portuguesa... Depois, pondo-me a pensar, achei, por causa daquele «falar com bazófia», que talvez «alanzoar» não fosse mais do que uma corruptela de «alardear», palavra trabalhosa de dizer, com esse volteio de língua demasiado difícil para o povo simples de Azinhaga. Não era: «alardear» vem de «alarde», e «alarde» (tudo isto são sabedorias de José Pedro Machado, não minhas) vem do árabe «al+ardh». Apesar do revés, perseverei e fui-me ao *Dicionário Etimológico* do mesmo Machado, com a tranquila certeza de que iria encontrar, desenrolada e explicada, nesse próprio lugar, a genealogia do intrigante vocábulo. Pois não encontrei, não senhor. O que o *Etimológico* diz, com desarmante laconismo, é o seguinte: «Alanzoar, *v*. De *alão*, raça de cães.» Afinal, seriam os meus protestos e resmungos, aos ouvidos de minha mãe, apenas como aquele monótono, contínuo e obsessivo ladrar que realmente nos daria vontade de dizer: «Que estás tu, cão, para aí a alanzoar?» Pode ser. O pior é que lá na aldeia, do tempo em que nela vivi, não recordo rasto, sombra ou lembrança de um só alão que fosse, essa espécie de cão de fila dos pesados, de molosso doutras geografias. Na Azinhaga, e já é fazer-lhe favor, o que havia era uns perdigueiros sem casta, uns sabujos sem faro, uns rafeiros sem porte — todos eles muito competentes de alanzoar, sem dúvida, mas não tanto nem tão bem que pudessem ter dado o nome à palavra.

O encenador da ópera (um alemão de quem nada sei por enquanto, nem sequer o nome) propôs que se eliminassem do final do primeiro e terceiro atos as projeções que Azio Corghi havia ideado e que representariam, respetivamente, os Quatro Cavaleiros do Apocalipse (Knipperdollinck, Rothmann, Matthys e Van Leiden) e as Quatro Mulheres da Esperança (Mãe, Dívara, Hille e Else). Azio queria saber a minha opinião. Ora, como a ideia das projeções, por redundante, nunca me tinha satisfeito, é fácil imaginar com que calor aplaudi a proposta. A saída do Liszt, primeiro, a exclusão dos bailados, depois, e a retirada, agora, das duas projeções, permitirão, espero, que o episódio histórico que no palco se narrará manifeste, sem superfluidades nem adornos retóricos, a sua brutalidade original e a tragédia duma demência.

6 de maio

Maridos e Mulheres de Woody Allen. A mesma história, os mesmos diálogos, os mesmos perdidos e achados, a mesma infalível previsibilidade. Uma câmara trémula, instável, como um vídeo de família, constantemente atrasada em relação ao princípio do plano, logo correndo para agarrar o tempo, dividida entre a ansiedade de registar integralmente o momento, antes de o deixar ir-se, e o impossível desejo de tornar atrás, à procura do gesto, do olhar, da palavra que ficaram por captar e sem os quais, agora, parece falto de coerência e de sentido o que se está contando. Estes homens e estas mulheres de Woody Allen, sempre idênticos nos encontros e desencontros das suas vidas, fizeram-me pensar nos átomos de Epicuro. Imersos no mesmo vazio, caindo, caindo sempre, mas subitamente derivando na direção de outros átomos, de outros homens e mulheres, tocando-os ao de leve ou a eles se reunindo, e depois outra vez livres, soltos, solitários — ou caindo juntos, simplesmente...

Horas demasiado lentas, dias demasiado rápidos.

Leio *El Porvenir es Largo,* a autobiografia de Althusser, impiedosa e descarnada, como só a poderia ter escrito quem, como ele, havendo passado pela experiência de *um nada* psiquiátrico, se preparasse, lucidamente, para a entrada na morte, no *nada absoluto,* depois de uma vida durante muito tempo assombrada pela consciência angustiante de *ser nada.* Leio e, inevitavelmente, sou levado a pensar no meu *Livro das Tentações,* sempre anunciado e sempre adiado: que não será um livro de memórias, respondo eu, quando me perguntam acerca dele, mas sim, como declarei ao José Manuel Mendes, na entrevista à *Setembro,* um livro do qual eu possa vir a dizer: «Esta é a memória que eu tenho de mim próprio.» A questão, então, estará em saber se me contentarei com devanear aprazivelmente pela superfície lisa da memória aparente ou se, como Althusser fez, serei capaz de remover e varrer essa camada neutra, composta de reordenamentos de imagens e de sensações, de condescendências e desculpas, de distorções, intencionais ou involuntárias, para cavar fundo e continuar cavando, até à medula oculta dos factos e dos atos. Provavelmente, a maior de todas as tentações, hoje, é a de calar-me.

7 de maio

Sobre a memória: «A memória é um espelho velho, com falhas no estanho e sombras paradas: há uma nuvem sobre a testa, um borrão no lugar da boca, o vazio onde os olhos deviam estar. Mudamos de posição, ladeamos a cabeça, procuramos, por meio de justaposições ou de lateralizações sucessivas dos pontos de vista, recompor uma imagem que nos seja possível reconhecer como ainda nossa, encadeável com esta que hoje temos, quase já de ontem. A memória é também uma estátua de argila. O vento passa e leva-lhe, pouco a pouco, partículas, grãos, cristais. A chuva amolece as feições, faz descair os membros, reduz o pescoço. Em cada minuto, o que era deixou de ser, e da estátua não restaria mais do que um vulto informe, uma pasta primária, se também em cada minuto não fôssemos restaurando, de memória, a memória. A estátua vai manter-se de pé, não é a mesma, mas não é outra, como o ser vivo é, em cada momento, outro e o mesmo. Por isso deveríamos perguntar-nos quem, de nós, ou em nós, tem memória, e que memória é ela. Mais ainda: pergunto-me que inquietante memória é a que às vezes me toma de ser eu a memória que tem hoje alguém que já fui, como se ao presente fosse finalmente possível ser memória de alguém que tivesse sido.» (Excerto, com modificações, de um texto que publiquei algures, não sei quando. Ah, esta memória.)

8 de maio

Jorge Amado escrevendo do Brasil: «Aqui o sufoco é grande, problemas imensos, atraso político inacreditável, a vida do povo dá pena, um horror.» Diz-me que até ao fim do mês estará na Bahia, que passará por Lisboa antes de seguir para Paris. Esta vida de Jorge e Zélia parece do mais fácil e ameno, uma temporada aqui, uma temporada ali, viagens pelo meio, em toda a parte amigos à espera, prémios, aplausos, admiradores — que mais podem estes dois desejar? Desejam um Brasil feliz e não o têm. Trabalharam, esperaram, confiaram durante toda a vida, mas o tempo deixou-os para trás, e, à medida que vai ele

31

passando, é como se a própria pátria, aos poucos, se fosse perdendo, também ela, numa irrecuperável distância. Em Paris, em Roma, em Madrid, em Londres, no fim do mundo, Jorge Amado recordará o Brasil e, no seu coração, em vez daquela lenitiva mágoa dos ingénuos, que é a saudade, sentirá a dor terrível de perguntar-se: «Que posso eu fazer pela minha terra?» — e encontrar como resposta: «Nada.» Porque a pátria, Brasil, Portugal, qualquer, é só de alguns, nunca de todos, e os povos servem os donos dela crendo que a servem a ela. No longo e sempre acrescentado rol das alienações, esta é, provavelmente, a maior.

9 de maio

Subi ontem a Montaña Blanca. O alpinista do conto tinha razão: não há nenhum motivo sério para subir às montanhas, salvo o facto de elas estarem *ali*. Desde que nos instalámos em Lanzarote que eu andava a dizer a Pilar que havia de subir todos estes montes que temos por trás da casa, e ontem, para começar, fui-me atrever com o mais alto deles. É certo que são apenas seiscentos metros acima do nível do mar, e, na vertical, a partir do sopé, serão aí uns quatrocentos, ou nem isso, mas este Hillary já não é criança nenhuma, embora ainda muito capaz de suprir pela vontade o que lhe for faltando de forças, pois em verdade não creio que sejam tantos os que, com esta idade, se arriscassem, sozinhos, a uma ascensão que requer, pelo menos, umas pernas firmes e um coração que não desista. A descida, feita pela parte da montanha que dá para San Bartolomé, foi trabalhosa, bem mais perigosa do que a subida, pois o risco de resvalar era constante. Quando, enfim, cheguei ao vale e à estrada que vai para Tías, as tais firmes pernas minhas, com os músculos endurecidos por um esforço para que não tinham sido preparados, mais pareciam trambolhos que pernas. Ainda tive de caminhar uns quatro quilómetros para chegar a casa. Entre ir e volver, tinham-se passado três horas. Lembro-me de haver pensado, enquanto subia: «Se caio e aqui me mato, acabou-se, não farei mais livros.» Não liguei ao aviso. A única coisa realmente importante que tinha para fazer naquele momento, era chegar lá acima.

10 de maio

Um dia perdido. Aborrecimento, indolência, ideias negras, fastio da vida. Silêncios tensos, explosões de súbita irritação, sempre contra o alvo mais fácil: Juan José. Esta estúpida espera parece não ter fim, e só me faltam cinco dias para conhecer a decisão final da RTP: sim ou não ao *D. João II.* Faz-me mal estar sem trabalhar. O que faço é agitar-me, pois não é verdadeiro trabalho este pegar em papéis e largá-los, estas cartas que escrevo, nem todas necessárias, estas leituras inquietas que me levam do livro de Althusser a um ensaio de Javier Sábada, *Dios y sus máscaras*, felizmente mais do que interessante. Gostaria de deitar-me hoje e amanhã acordar no dia 15 para poder lançar-me a um trabalho: ou esse *D. João II* em que já não acredito, se alguma vez acreditei, ou o *Ensaio sobre a Cegueira*. Mas não vale a pena iludir-me. Durante um mês não terei condições para fazer seja o que for de sério, no sentido, digo, de disciplinado, de contínuo: a partir de 21 ou 22 estaremos em Madrid, para a «Semana de Autor», onde, por alguns dias, me põem na berlinda, depois, a 28, uma passagem rápida por Badajoz, para um colóquio, e, finalmente, até 13 de junho, as feiras do livro pátrias, em Lisboa e no Porto, pelo menos.

Quem espera, desespera, diz o dito, e eu ainda tenho um mês inteiro para esperar, desesperar e dizê-lo.

Penso que não é nada de excluir que esta súbita derrapagem psicológica, real, custosa de aguentar nos modos com que se apresentou, haja sido agravada pelo forte abalo físico causado pelas proezas alpestres que descrevi: mais do que as dores musculares com que já contava, o que trago comigo é a insólita sensação de ter os dois fémures partidos à altura do meio da coxa, e, ainda por cima, como se os topos dos ossos, bamboleantes, ameaçassem desencaixar-se a todo o momento...

11 de maio

Não acordei no dia 15, mas movo as pernas muito melhor. Os fémures tornaram à sua íntegra e aprumada natureza, e portanto deixei de caminhar como se precisasse de muletas e tentasse andar sem elas. De manhã fomos às compras ao *pueblo*. A Montaña Blanca estava ali, parda, alta, seca, com o seu rebuço de rochas esburacadas, e eu disse, contente como um rapazinho a quem tivessem dado o brinquedo desejado: «Aquela já a conheço.» Resposta de Pilar: «Pois já, e uma vez que quiseste começar pela mais alta, agora não precisas subir mais nenhuma.» Capaz a andaluza de ter razão: está claro que o Hillary, o outro, o autêntico, depois de ter posto o pé no coruto do Everest, não se rebaixaria a vir a Lanzarote para subir a Montaña Blanca...

Javier trouxe-me do correio de Arrecife mais um pacote de livros provenientes de Lisboa: abro-o, e ele é o João de Barros, ele é o Damião de Góis, ele é o Rui de Pina, ele é o Zurara, e o

34

Príncipe Perfeito de Oliveira Martins, e a *História da Sociedade em Portugal no Século XV* de Costa Lobo, e os *Itinerários* de Veríssimo Serrão, e até (nunca se sabe) o *Reinado Trágico* de João Grave... Jamais um livro meu, desses que a gente apressada chama «romances históricos», teve o favor do apoio estratégico e tático de tão grossa e variada artilharia. Muito me temo, porém, que desta vez tudo termine em pólvora seca, ou em espirro de mijarete, para dizê-lo menos respeitosamente.

12 de maio

Carta de Cuba, escrita a lápis, de um jovem poeta, Almelio Calderón, que conheci em Mollina (Málaga), no encontro que reuniu, à sombra do tema *Literatura e transformação social,* oitenta escritores «novos» e uma dúzia de escritores «velhos»: «Aquí en Cuba se lee mucho, a veces se publican obras que no satisfacen los deseos de los lectores. Nuestra política editorial es muy lenta, llevamos anos de atraso en cuantos a las obras universales. En estes momentos hay una gran crisis con el papel (no hay), casi todas las editoriales se encuentran paradas, se están editando una especies de "plaquet" que no satisfacen las demandas. [...] Aqui se están viviendo momentos historicos, muy únicos, muy importantes, muy intensos que espero que la historia sepa recibirlo en sus páginas. [...] Aqui le mando toda mi esperanza y mi fe hacia ustedes.»

Notícia de Lisboa: Cavaco Silva convidou Zita Seabra, pessoalmente, dizem-me, a ocupar o lugar de António Pedro de Vasconcelos no Secretariado para o Audiovisual. Depois de o vermos e sofrermos no Governo durante estes anos, parecia que já deveríamos saber tudo a respeito de Cavaco: as suas maldades e as suas bondades, os seus tiques e manias, a esperteza e a estupidez, a cartilha económica e a ignorância literária. Santo engano o nosso. Ainda nos faltava conhecer até que ponto ele era capaz de demonstrar o seu desprezo por alguém. Fê-lo agora. Salvo se... Salvo se eu estou enganado, e tudo isto, sendo farsa, é a sério. Caso em que não teremos mais remédio que desprezá-los nós. A ambos.

14 de maio

De Bernard Genton leio um ensaio cujo título — *Une Europe littéraire?* — me traz à lembrança, irresistivelmente, aquele outro não menos inefável tema — *La littérature portugaise est-elle européenne?* — sobre que, por imposição leviana da organização do «Carrefour», fui obrigado a discorrer em Estrasburgo, há alguns anos. Digo «imposição» porque a criança me foi posta tal qual assim nos braços, e «leviana» porque os organizadores não tiveram antes a delicadeza elementar de me perguntar o que pensava eu do assunto. A resposta mais própria teria sido virar-lhes as costas e bater com a porta, mas, ali, com a Europa toda a olhar para mim, que remédio tinha eu senão digerir a irritação e defender a reputação da pátria, europeia, sim senhores, quer pela literatura quer pela emigração...

Parece ser cisma incurável de Franceses isto de lerem depressa e mal e entenderem ainda pior, sobretudo quando o uso e a tradição não os ensinaram a mostrar respeito pelo que têm diante do nariz. A determinada altura, escreve este senhor Genton: «Les oeuvres directement inspirées par la construction européenne sont encore rares. Dans son *Radeau de pierre*, le Portugais

José Saramago détache son pays du continent que menace de l'anéantir par intégration, et imagine un Portugal flottant, à la dérive dans l'Atlantique...» Excetuando o facto de a *Jangada* não ter sido, nem direta nem indiretamente, inspirada pela construção europeia, exceptuando a circunstância de não ser apenas Portugal que se separa da Europa, mas toda a Península, excetuando ainda que não há deriva nenhuma, mas sim uma navegação sempre firmemente orientada para o Atlântico Sul, onde, enfim, a ibérica ilha *se detém* — todo o resto está certo...

Chegámos ao termo do prazo que Judas tinha dado à Televisão (é sexta-feira, o fim de semana começa), e, como se não sobrassem motivos para crer que se perderam as esperanças, ainda hoje estive a trabalhar na recolha e coordenação de dados para um trabalho que provavelmente não chegará a ser feito, pelo menos, por mim, pois em verdade não é de excluir a hipótese de que, com a proposta da série na mão, a RTP procure alguém mais ao gosto de quem manda em Portugal. A minha ideia (uma espécie de ovo de Colombo, uma nova demonstração de que algo pode ser esquecido precisamente por ser tão óbvio: lembremo--nos do convento de Mafra, que esperou duzentos e cinquenta anos) seria utilizar a feitura do *Retábulo de S. Vicente,* que se situa em cheio na época, como uma das chaves da narrativa. No essencial, propor-me-ia retomar as teses do Dagoberto Markl, que me parecem as mais coerentes e estimulantes. Contra a iconografia oficial, neste malogrado *D. João II,* o homem do chapeirão iria ser D. Duarte, e o infante D. Henrique o cavaleiro de joelho em terra que aparece no chamado «painel do arcebispo»... E o rosto do santo seria retocado, depois de 1491, para ficar como retrato do infante D. Afonso...

15 de maio

Verifico, com discreta mas justificada satisfação, que se mantêm em estado de bom funcionamento, para não dizer que me parecem de todo intactos, os dons de imaginação e engenho com que vim ao mundo, graças aos quais pude chegar aonde felizmente cheguei. Agora, de modo súbito, porém não inesperado, tendo em conta os antecedentes, vejo abrirem-se diante de mim perspetivas novas, possibilidades de novos triunfos, não mais limitados a esta fatigante trivialidade de escrever e publicar. O caso conta-se em rápidas palavras. Quando foi preciso decidir como deveria ser revestida uma parte importante do chão da casa, escolhi umas lájeas de cor castanho-escura, de superfície brilhante e irregular, que no catálogo do fabricante italiano se apresentavam com o prestigioso e evocativo nome de Brunelleschi. Há que dizer que o fornecedor aplaudiu o gosto. Vieram os ladrilhos (atenção: os Espanhóis chamam *ladrillo* ao que nós chamamos tijolo) e procedeu-se ao seu assentamento. Porém, por um erro que até há poucos dias parecia não ter remedeio, a argamassa saiu mais clara do que convinha, donde resultou que a indiscutível beleza das minhas lájeas se viu afetada pelo quase branco e obsessivo quadriculado formado pelas juntas. A família não pareceu importar-se muito, que, enfim, diziam, não era assim tão mau, embora Pilar, a sós comigo, reconhecesse que Brunelleschi, realmente, não merecia aquele tratamento. Acrescendo que o meu olho esquerdo, por defeito da mácula, tende a ver duas imagens onde só uma existe, pode-se imaginar que chão tenho andado a pisar. Mas bem certo é que nunca se proclamará demasiado que a necessidade aguça o engenho. Depois de mil e uma perguntas a outros tantos supostos entendidos sobre como poderiam ser decentemente escurecidas as agressivas juntas, respondidas todas elas, as perguntas, ora com um pungente encolher de ombros, ora com uma perentória declaração de impossibilidade, foi um simples escritor, ainda por cima nunca ouvido em tais matérias, que teve a fortuna, e por que não o merecimento, de encontrar a solução: o chá. Sim, o chá. Tomava eu, numa destas manhãs, o meu pequeno-almoço habitual, composto de torradas, sumo de laranja, chá e iogurte, quando de repente, com a evidência deslumbrante da pura genialidade, compreendi que a solução estava no chá. Como a vida, no entanto, ensina a ser prudente, e o mundo dos inventores está cheio de frustrações imerecidas, resolvi fazer secretamente a primeira experiência, e num canto do escritório, temendo a cada instante ser surpreendido pelo risonho ceticismo de Pilar, verti numas poucas juntas o chá que de propósito deixara ficar. O resultado foi esplêndido. Agora, como um operário escrupuloso que não olha a penas nem a sacrifícios, de joelhos no chão, indiferente ao ridículo, faço avançar em cada dia este trabalho duas vezes louvável: o de melhorar a aparência da casa e, graças ao chá, dar a Brunelleschi a moldura que merece. A família não sabe bem como comportar-se: gostaria, creio, de aplaudir o feito, mas ainda não se conformou com isto de um mero escritor de livros se permitir mais ideias que as literárias...

17 de maio

Por incrível que possa parecer, fomos ontem à praia pela primeira vez desde que nos instalámos aqui. Temos apanhado algum sol na açoteia da casa, conscienciosamente besuntados de óleos protetores e sem mais testemunhas que as aves do céu e os anjos do Senhor, mas a verdade é que uma hora de exposição nestas condições não chega a valer nem dez minutos ao pé do mar. Pensei que iríamos a Famara, mas havia que recolher em Playa Blanca a Juan José, que estivera acampado na ilha de Lobos durante o fim de semana. Depois, se tudo corresse como estava previsto, passaríamos o resto do dia na praia de Papagayo. Por causa duma confusão, e consequente perda de tempo, sobre o lugar onde deveríamos encontrar-nos, acabámos por ficar ali mesmo, na praia do Flamingo, com o que, finalmente, se poderá dizer, de alguma forma, ter-se cumprido o programa, uma vez que permanecemos no domínio da ornitologia tropical...

«A terra é pequena, e a gente que nela vive também não é grande.» Esta feroz e dolorosa frase de Alexandre Herculano veio-me uma vez mais à memória enquanto lia uma notícia sobre o colóquio de filósofos realizado no Porto para assinalar o meio século de publicação de *O Problema da Filosofia Portuguesa* de Álvaro Ribeiro. Não estive lá, não posso fazer juízos sobre a excelência do evento, e, de resto, a chamada «filosofia portuguesa» deixa-me totalmente frio, o que não me impede de reconhecer que alguns velhos escritos de José Marinho souberam, ocasionalmente, vencer uma indiferença que o tempo, por outro lado, só veio a reforçar. Mas eu, escusado será dizê-lo, de filosofias não entendo nada, nem sequer das portuguesas, que devem ser das mais fáceis... A certa altura, conta o *Público*, armou-se uma violentíssima guerra verbal por causa de Nietzsche e da «viva repulsa» que, no dizer de Orlando Vitorino, o alemão causava a Álvaro Ribeiro... Birras de filósofos, imagino. No fragor dos insultos houve quem se lembrasse, com a melhor das intenções, suponho, de invocar a lição de tolerância do mais recente romance (!) de Saramago, *In Nomine Dei*. Parece que uns poucos dos presentes aplaudiram, mas um congressista juvenil, Gonçalo Magalhães Colaço (dos Magalhães Colaços?), indignado, alegou «nunca poder Saramago ser brandido como exemplo de tolerância». Este moço ainda terá de brandir muito, ainda terá de comer muito pão e muito sal, e andar por muito congresso, antes de perceber (se perceberá alguma vez) que mundo de tolerância se poderia construir com esta minha intolerância... Gonçalo não sabe de que fala, só leu os insultos do *Diabo*, e essa é a sua filosofia.

18 de maio

Assim são as coisas. Ainda há dez dias eu aqui escrevia umas linhas acerca de Jorge Amado, e acabo de saber que teve um enfarte. Fiz o que estava ao meu alcance, mandei-lhe duas palavras de ânimo: «Uma torre dessas não cai assim», disse — e espero que não caia mesmo. Morre-se sempre demasiado cedo, ainda que seja aos oitenta anos. Mas o Jorge escapará desta, tenho a certeza. Agora, com a convalescença e o obrigado repouso, não poderá fazer a viagem a Paris que tinha aprazada para o princípio de junho (encontrar-nos-íamos em Lisboa, na passagem). Se não puder ser antes, voltaremos a estar juntos em Roma, no Prémio da União Latina.

Ornejam os Laras, os Lopes e os Cavacos do Governo de Portugal, escoicinham os assembliários social-democratas de Mafra, e uma mulher da Venezuela escreve-me esta comovedora carta: «Gracias por el pan de sus palabras. Acabo de terminar su Evangelio que apesar de ser según Jesúcristo prefiero llamarle según José. Como, con cuales palabras, una mujer lectora de toda su obra traducida puede tratar de agradecerle cada una de sus palabras? Seria como agradecer la dulce miel a las abejas y el aceite y el vino y las estrellas. Imposible. Nos regale todavía sus palabras, nos llene todavía de un poco de vida; ignoro si su fatiga tendrá una recompensa, pero "... y esta luna, como un pan hecho de luz" [do *Evangelho*] queda para siempre.» Nada é para sempre, dizemos, mas há momentos que parecem ficar suspensos, pairando sobre o fluir inexorável do tempo. Esta carta, estes dizeres, esta recompensa.

19 de maio

Ray-Güde informa-me de que recebeu da Polónia resenhas acerca do *Evangelho* e que este se encontra na lista das obras de maior venda. Lamenta não ser capaz de me traduzir as opiniões da imprensa polaca, mas vai adiantando que o escritor Andrczej Sczcipiorski, o mais importante dos autores polacos publicados pela mesma editora, gostou muito do livro... Ouvindo isto, ponho-me a imaginar o que mais gostaria de fazer nesta altura da vida (sem ter de perder nada do que tenho, claro está), e simplesmente descubro que seria perfeito poder reunir em um só lugar, sem diferença de países, de raças, de credos e de línguas, todos quantos me leem, e passar o resto dos meus dias a conversar com eles.

Ainda sobre a carta de Jorge Amado. Penso que o mal dos povos, o mal de nós todos, é só aparecermos à luz do dia no carnaval, seja o propriamente dito, seja a revolução. Talvez a solução se encontrasse numa boa e irremovível palavra de ordem: povo que desceu à rua, da rua não sai mais. Porque a luta foi sempre entre duas paciências: a do povo e a do poder. A paciência do povo é infinita, e negativa por não ser mais do que isso, ao passo que a paciência do poder, sendo igualmente infinita, apresenta a «positividade» de saber esperar e preparar os regressos quando o poder, acidentalmente, foi derrotado. Veja-se, para não ir mais longe, o caso recente de Portugal.

20 de maio

O «Sim» da Dinamarca encontrou-me desinteressado. Não o recebi como uma derrota, e a vitória, na verdade, não sei a quem pertence nem para que vai servir. Quando os Europeus assistem de braços cruzados, impotentes ou indiferentes, à carnificina balcânica, que significado pode ter este «Sim»? E o «Não», que significaria, se tivesse sido esse o resultado? A culta Europa, a civilizada e democrática Europa tem, nos seus tecidos profundos, um tumor que pode ser mortal, e gasta o tempo em trabalhos de cosmética, de maquilhagem, como uma velha cortesã que ainda alimentasse a esperança de alguém a pôr por conta.

Notícias de José Luís Judas: um fax da Televisão, assinado por Ricardo Nogueira, que diz acreditar que a RTP tomará posição quanto ao *Príncipe Perfeito* no princípio da próxima semana. Veremos se e veremos qual. Interessante, mais do que isto, que já vai sendo caldo requentado, é o modo como Judas se refere à inefável Zita Seabra: «Como já deves saber a nossa ex-camarada Zita Seabra é a nova comissária para o audiovisual.» Diz «ex-camarada» e esquece-se de que ele também o é. Lembra-me a minha mãe, que chamava velhotas às amigas e conhecidas que tinham a idade dela, os mesmos setenta ou oitenta anos. Há razões que a razão não conhece, e se eu entendia exatamente o que minha mãe queria dizer na sua, como não entenderia agora o que Judas diz?

21 de maio

A Madrid, para a «Semana de Autor». No avião leio o *Expresso* chegado esta manhã e encontro recolhida uma curiosíssima declaração de Carlos Queirós, o selecionador nacional de futebol, que novamente me fez pensar em como andam desconcertadas as opiniões neste mundo e no difícil que será chegar a acordo sobre as questões fundamentais quando logo nas outras, mínimas, nos vemos desencontrados. Disse ao *Diabo* o nosso especialista em táticas dentro das quatro linhas: «As pessoas que não são capazes de perceber a beleza do futebol ou do jogo são exatamente as mesmas que não são capazes de ler o Astérix nem percebem a beleza que existe nuns Beatles. Esses são os intelectuais. São capazes de estar em casa a ver um filme de *cowboys* e a ouvir os Bee Gees. Se tocarem à campainha, mudam para Tchaikovsky e pegam num livro do Saramago.» Não duvido que o estimável Carlos Queirós saiba muitíssimo de futebol, mas de intelectuais parece saber bem pouco, e sendo certo que eu próprio não me posso gabar de os conhecer de raiz (vivi a maior parte da minha vida entre gente mecânica ou assimilada), creio dispor hoje de algumas luzes sobre os usos e costumes dessa nata em que, emprestadamente, também eu nado ou sobrenado. Intelectuais conheço eu que se regalam com os filmes de *cowboys*, que adoram os Beatles e que se aborrecem com os Bee Gees, e, no que se refere ao autor do *Evangelho segundo Jesus Cristo*, soube eu de fonte seguríssima que sempre foi fanático do Astérix e que jogou ténis em tempos que já lá vão. E também soube que não ficou nada satisfeito ao ver-se acasalado com o Tchaikovsky, que não é músico das suas predileções nem de nenhum dos intelectuais que conhece...

*

No aeroporto de Madrid esperava-nos Julián Soriano, que conhecemos desde Mollina, em fevereiro, por ocasião do Foro Joven, aonde ele, como responsável pelas atividades culturais do Instituto de Cooperação Iberoamericana, foi convidar-me para a «Semana de Autor». Trazia consigo um exemplar do livro *Racismo y Xenofobia*, editado pela Fundação Rich, em que colaborei. No caminho para o hotel noto que o meu texto aparece em português, levando em apêndice a respetiva tradução. Estranho a novidade, mas deixo logo de estranhar ao saber que a sugestão foi de Pilar, e uma sugestão de Pilar tem, como sabemos, força de lei... Ainda bem não estou instalado já me esperam, para entrevistar-me, jornalistas de três jornais, e, atendendo ao programa que Soriano me entregou à chegada, é apenas o princípio de uma longa série que irá continuar nos próximos dias, até ao último. Mal acaba a terceira conversa corremos a um concerto de Maria João Pires. Regalo-me com os aplausos como se fossem coisa minha. Conheci a Maria João há muitos anos, aí pelos finais dos anos 60, e nunca mais voltei a encontrá-la. No intervalo, guiados por Mário Quartin Graça, fomos cumprimentá-la ao camarim, e aí, da boca de uma mulher que tem acumulado arte e triunfos, ouço, em resposta aos meus agradecimentos e felicitações, estas palavras completamente inesperadas: «Mas olhe que os livros é que são aquilo de que mais gosto...»

22 de maio

Xanana Gusmão foi condenado a prisão perpétua. Portugal não sabe que fazer com este homem. Começámos por considerá-lo como uma espécie de *pharmacos*, um espelho das nossas culpas e também um pequeno remorso particular, levadeiro, tranquilizador da nossa indiferença e cobardia. Depois veio a prisão e o desmoronamento de uma personalidade que críamos, nós, abúlicos, nós, débeis, talhada numa só peça. O resistente exemplar tornara-se em reles traidor. Agora, iniquamente julgado e condenado, é mais do que certo que vai dar-se princípio a um daqueles «processos de beatificação» tão caros à suavíssima alma portuguesa, sempre pronta a desculpar as responsabilidades alheias esperando que dessa maneira lhe sejam perdoadas as suas... Xanana Gusmão, de quem, no fundo, ninguém quer saber, vai servir para isto.

23 de maio

Bastou-me esperar com paciência, e aí está: Eduardo Lourenço fez hoje 70 anos, apanhou-me. Jantámos juntos: Annie e Eduardo, Luciana, Pilar e eu. O restaurante chama-se El Callejón, também nomeado Rincon de Hemingway, cujas lembranças (fotos, nada mais que fotos) se mostram dentro. Espero que o Hemingway tenha tido a sorte de comer melhor do que nós: estes restaurantes que se gabam das celebridades que um dia por lá passaram, geralmente servem mal. Divertimo-nos como garotos em férias. Alguma má-língua risonha. Em certa altura, já encerrando o capítulo, falou-se de Manuel de Oliveira, de Agustina e do *Vale Abraão,* essa variação nortenha sobre o tema Bovary, e foi então que eu arranquei com uma intuição de génio, a que só faltam agora demonstração e provas: que a Gouvarinho teria sido, para o Eça, a caricatura burlesca e lisboeta de Emma Bovary. A mim, parece-me o caso claro como água: Bovary, Gouvarinho — não vos soa ao mesmo?

46

24 de maio

Segunda-feira, começou a «Semana». O tema de hoje, diretamente de Ricardo Reis, foi «Es sabio quien se contenta con el espetáculo del mundo?». Moderou Basilio Losada, meu constante amigo e tradutor, e fizeram comunicações Miguel García Posada, Javier Alfaya e Julio Manuel de la Rosa. Público muito numeroso e interessado. A conclusão só podia ser uma: não pode ser sábio quem com o espetáculo do mundo se contente. Excelentes as participações de todos. Ajudei à festa como podia e saí satisfeito. Esta gente gosta de mim.

25 de maio

Almoço com Gabriel García Márquez, que nos mandou recado, apesar de estar meio incógnito em Madrid. Quase três horas à mesa, uma conversa que parecia não querer acabar. Falou-se de tudo: das eleições espanholas, da situação social e política portuguesa, do estado do mundo, de livros e de editores, de Paz e Vargas Llosa, etc. Mercedes e Pilar estiveram de acordo em pertencer ao Departamento dos Rancores, deixando aos respetivos maridos o papel simpático e superior de quem está «acima disso». García Márquez contou um episódio divertido relacionado com a passagem a filme do seu conto «La Santa». Como se sabe, no fim da história o pai da menina morta diz-lhe que se levante e ande, e ela nem anda nem se levanta. Mas a García Márquez, que andava às voltas com o guião, não o satisfazia esse final, até que veio a encontrar a solução: no filme a menina ressuscitaria mesmo. Telefonou então ao realizador (salvo erro, Ruy Guerra) para informá-lo do que tinha decidido, e encontrou-se com um silêncio reticente, logo substituído por uma oposição firme. Que não, que não podia ser, uma coisa era fazer voar uma mulher embrulhada em adejantes lençóis, outra ressuscitar um corpo há tempos falecido, mesmo havendo já indícios milagreiros, como não cheirar mal e não ter peso. Resposta de García Márquez: «Pois é, vocês, estalinistas, não acreditam na realidade.» Outro silêncio, porém diferente, do outro lado da linha. Enfim, a voz ouviu-se: «De acordo.» E a menina ressuscitou.

Segundo dia da «Semana». Tema: «El escritor como lector del tiempo y medidor de la Historia.» Moderou César Antonio Molina e participaram Angel Crespo, Carlos Reis (que hoje mesmo chegou de Portugal) e Juan Rivera. A este não o conhecia. Menos público, interesse igual. Eduardo Lourenço surpreende-se com o conhecimento que estes espanhóis mostram ter dos meus livros. Quase lhe digo que é uma boa compensação para a relativa indiferença da crítica e da ensaística portuguesa, que, ressalvadas as exceções conhecidas, não tem conseguido acertar os seus passos de dança com a minha música. Para muita gente maior e menor, a minha existência no quadro da literatura portuguesa atual continua a ser uma coisa incompreensível e custosa de roer, de modo que andam a comportar-se como se ainda alimentassem a esperança de que, por artes prestidigitativas, eu venha a desaparecer um dia destes, desfeito em pó, fumo ou nevoeiro, levando comigo os livros que escrevi e deixando tudo como estava antes.

26 de maio

Enchente para a mesa-redonda de hoje: «Reivindicación del compromiso: derechos y deberes del escritor», sinal, talvez, de que está chegando ao fim aquela recidivante opinião, nestes últimos tempos soberana, de que os escritores só têm de estar comprometidos com a sua obra, ideia, aliás, ainda ardorosamente defendida por uma boa porção dos jovens escritores que em fevereiro se reuniram em Mollina com uns quantos veteranos de vistas mais ou menos antiquadas nessa matéria e de que aqui resolvo deixar constância: Jorge Amado, Augusto Roa Bastos, Ana María Matute, Abel Posse, Lasse Söderberg, Tariq Ali, Wole Soyinka, Mario Benedetti, Juan Goytisolo, Edwar al-Kharrat, Juan José Arreola e quem isto está escrevendo. Sem perceberem a contradição em que caíam, esses mesmos jovens escritores achavam que a literatura é capaz de mudar o mundo, ideia essa em que não abundavam, ou frontalmente negavam, na sua grande maioria, os velhos, por sua vez divididos entre um tão radical ceticismo e a afirmação ética de um compromisso simultaneamente intelectual e cívico. Estas inquietações tornaram a vir à tona da «Semana». Moderou o debate Raúl del Pozo e participaram Felipe Mellizo, José Luis Sampedro e Raúl Guerra Garrido. Não creio ser exagerado qualificando de entusiasta a reação do público que enchia a sala.

27 de maio

Terminou a «Semana» — «Os Modos e os Fins» foi o tema —, e terminou com um cheirinho de santidade no ar. Assustado com o que ali estava a acontecer, decidi descartar-me para o lado da ironia, falando do escândalo de ver-me «beatificado» contra vontade, que a isso me pareciam determinados Fernando Morán, que *não moderou* o debate, antes *ajudou à missa*, Luciana Stegagno Picchio e Eduardo Lourenço, magníficos de lucidez, sensibilidade e brio, cada um no seu estilo próprio, Luciana como uma flecha apontada em linha reta ao alvo, numa trajetória tensíssima, Eduardo, como sempre, gozando com as suas próprias hesitações e volteios, e subitamente, reunindo num feixe só as diversas linhas de rumo do discurso, e aí temos o pensamento ganhando uma intensidade estremecedora, quase insuportável para espíritos paisanos. Devo a todos quantos participaram na «Semana», a todos quantos trabalharam na organização, uma das alegrias mais autênticas da minha vida. Que ela me tenha sido oferecida por Espanha, só vem confirmar o meu direito à ibericidade.

28 de maio

De automóvel para Badajoz. Feira do Livro, autógrafos. Conferência no auditório do *ayuntamiento*. Casa cheia. Uma má notícia que nos deixou preocupados: Julio Anguita teve um enfarte. É um sério golpe para a campanha de Izquierda Unida.

29 de maio

De automóvel a Lisboa. Depois do almoço, Feira do Livro. Recebido como o filho pródigo pelo pessoal da Caminho (Zeferino, Vítor Branco, Esmeralda, Rita, Paula). Mais de uma hora a autografar ininterruptamente, apenas levantando a cabeça para ver a cara do leitor e perguntar-lhe o nome.

30 de maio

Feira do Livro. O mesmo assédio, a mesma amizade.

31 de maio

De comboio ao Porto. Na carruagem deparamos com Chico Buarque, que ali vai dar um recital. As nossas datas, sabemo-lo logo, estarão desencontradas, não será possível ir ouvi-lo. Mas, à noite, o Chico, acompanhado do Sérgio Godinho, aparece-me no Palácio de Cristal, onde a Feira agora se instalou, para dar--me um abraço. Nada o obrigava, não lhe faltariam coisas mais interessantes para fazer, e foi ali para me abraçar...

1 de junho

Mesa-redonda na Feira, com Inês Pedrosa, Mário Cláudio e José Manuel Mendes. Um tema assaz extravagante, mas que acabou por levar a um debate animado: «Devem os escritores ser boas pessoas?» Que sim, que não, que talvez, que não é com bons sentimentos que se faz boa literatura, que os sentimentos maus, por seu lado, não parecem ser condição suficiente. Mas era visível uma inclinação geral para desdenhar da bondade, como atributo bastante fora de uso, tropeço na vida prática, obstáculo ao triunfo pessoal e coletivo e, sobretudo, debilidade indigna de um homem (ou mulher) que se preze de moderno. Foi então que resolvi meter um grãozinho de areia na desenvolta e lubrificada engrenagem do consenso, sugerindo que, existindo e atuando de facto, a bondade seria talvez, neste mundo, a mais inquietante de todas as coisas... Deu-me prazer verificar que o público ficou inquieto. Suponho que os meus colegas também, embora não tivessem achado necessário reconhecê-lo.

2 de junho

Regresso a Lisboa. José Augusto Seabra, que, como nós, entrou em Vila Nova de Gaia, conta um caso que vem mostrar-me que tudo quanto não aconteceu até hoje, incluindo o absurdo e o que parecia impossível, terá forçosamente de acontecer um dia. É questão de ter paciência e esperar: mais tarde ou mais cedo se apropinquará a hora eleita, mais cedo ou mais tarde virá ao mundo a personagem predestinada. Por exemplo, quando Pedro Santana Lopes nasceu não se podia saber o que aquilo ia dar, mas o tempo e as circunstâncias o revelaram depois com abundância, senão excesso, de pormenores. Porém, ainda não sabíamos tudo. Eis o caso: quando José Augusto Seabra esteve de embaixador junto da UNESCO, entre os vários atos que promoveu, relacionados com a cultura portuguesa, organizou também um encontro sobre António Nobre, para o qual foram convidados, entre outra gente, alguns lusistas franceses. Todos juntos ouviram, incrédulos, assombrados, a leitura do telegrama que pressurosamente o nosso conhecido secretário de Estado da Cultura tinha enviado. Dizia mais ou menos assim o papel: «Em nome do Governo Português e em meu nome pessoal associo-me à justa homenagem prestada ao poeta da Arrábida.» Na verdade, este é o único Lopes do mundo com jeito natural e ignorância adquirida suficientes para ir pela vida confundindo o António Nobre com o Sebastião da Gama... Ou seria o Frei Agostinho da Cruz?

3 de junho

Universidade Nova. Os temas do costume: a história como ficção, a ficção como história, e ainda o tempo como um imenso ecrã onde todos os acontecimentos se vão inscrevendo, todas as imagens, todas as palavras, o homem de Auschwitz ao lado do homem de Cro-Magnon, Inácio de Loyola ao lado de Francisco de Assis, o negreiro ao lado do escravo, a sombra ao lado da substância, e, em lhe chegando o tempo, este que escreve ao lado do seu avô Jerónimo. Como também vai sendo costume, foi muito louvada a minha sinceridade, mas, creio que pela primeira vez, esta insistência e esta unanimidade fizeram-me pensar se realmente existirá isso a que damos o nome de sinceridade, se a sinceridade não será apenas a última das máscaras que usamos, e, justamente por última ser, aquela que afinal mais esconde.

Recital de Paco Ibañez. Enquanto o ouvia, dizia comigo mesmo: «Este homem parece-me bom, mas sê-lo-á, de facto?» Não é que a pergunta resultasse de uma atitude de desconfiança sistemática de que o Paco tivesse de ser, naquele momento, objeto inocente, mas por causa desta preocupação em que ando, de querer saber o que se encontra por trás dos atos que se veem e das palavras que se ouvem. O público aplaudiu o cantor e aplaudiu-se a si próprio: todos tínhamos sido, no nosso tempo, mais ou menos resistentes, restos de um passado carregado de esperança, os mesmos que fomos e, contudo, tão diferentes, cabeças brancas ou calvas no lugar das cabeleiras ao vento de antanho, como disse Pilar, rugas onde a pele havia sido lisa, dúvidas em vez de certezas. Porém, o que são estas coisas, durante duas horas, por obra duma voz que os anos corroeram mas a que não roubaram a expressão, por obra dumas poesias e dumas músicas, os sonhos pareceram tornar-se outra vez possíveis, como realidades, não como sonhos.

4 de junho

Na Feira aparece uma pessoa a comprar todos os meus livros. Põe-nos todos diante de mim para que os autografe, os grossos e os finos, os caros e os baratos, trinta e tal contos de papel, conforme vim a saber depois, e o que me desconcerta é que o homem não é um convertido recente ao «saramaguismo», um adepto de fresca data, um neófito disposto às mais loucas ousadias, pelo contrário, fala do que de mim leu com à--vontade e discernimento. Resolvo-me a perguntar-lhe a razão da ruinosa compra, e ele responde simplesmente, com um sorriso onde aflorou uma rápida amargura: «Tinha-os todos, mas ficaram na outra casa.» Compreendi. E depois de ele se ir embora, ajoujado sob a carga, pus-me a pensar na importância dos divórcios na multiplicação das bibliotecas...

De duas, uma: ou eu sofro de mania de perseguição, ou de facto anda uma matilha de sabujos a ladrar-me às canelas e a morder quando pode. Estava, posto em sossego, na Feira, a assinar os meus livrinhos quando se me chega o Armando Caldas que, passado um bocado, começa a contar uma história. Que ele e o seu grupo de teatro — o Intervalo — participaram na organização da homenagem ao Manuel Ferreira, essa mesma para a qual, a pedido da Orlanda Amarílis, escrevi um pequeno texto. Que, como tudo custa dinheiro, e cada vez mais, pediu à Secretaria de Estado da Cultura um subsídio, cujo, milagre dos milagres, foi concedido. Mil contos, melhor que nada. Crendo ser de boa diplomacia, o Caldas lembrou-se de colocar uma cereja no bolo, isto é, pedir também ao Santana Lopes uma declaração para ser lida na homenagem, sem pensar que o dito Lopes poderia, por sua vez, lembrar-se de lhe pedir a lista das pessoas que igualmente tinham sido convidadas a escrever. Vinte e quatro horas depois de comunicados os nomes — Maria Velho da Costa, António Alçada Baptista, Urbano Tavares Rodrigues e o criado de Vocências — recebia o desolado Caldas a notícia de que o subsídio tinha sido cancelado. Causa? Não foi dita. Parece que mais tarde a Secretaria de Estado quis emendar a mão, prometendo 300 contos, mas aí o Armando Caldas encheu-se de brios e mandou-os passear. Com dinheiros arranjados aqui e ali, a homenagem não deixaria de se fazer. E agora a pergunta: o que foi que levou o Lopes a cancelar o subsídio e a não escrever a declaração? Receio de chamar ao Manuel Ferreira o escritor da Terra Nova, que também é ilha? Ou, como é mais provável, nojo de misturar-se com os declarantes, de aparecer ao lado de um deles? E qual, se é este o caso? Fátima? Não creio. Alçada? Tão-pouco. Urbano? Duvido. Eu? Sendo o Lopes aquele bom católico que conhecemos, o confessor deve saber...

Andava há que tempos a dizer que o D. João II estava morto e ninguém me queria crer. Agora não houve mais remédio que enterrá-lo, a ele e ao cheiro que já deitava: o Judas admitiu, enfim, que a Televisão não fará nada comigo. Como para mim não era novidade, fiquei calmo como estava antes. E, no fundo, com uma enorme sensação de alívio.

6 de junho

Uma leitora na Feira: «Quando li *o Levantado do Chão* disse comigo: este escritor é diferente dos outros.» Acertou em cheio. Não disse «melhor que os outros», disse «diferente», e não imagina a que ponto lhe fiquei grato. Saiba que entre os muitos milhares de palavras que até hoje se escreveram a meu respeito, nunca tinha encontrado essa. Diferente. Tem razão, diferente. E a mais não aspiro.

8 de junho

Sorridente, cordialíssimo, Tabucchi abraça-me. Estamos na Feira, cada um de nós, pelos altifalantes, sabia da presença do outro, mas foi ele quem me veio procurar. Vejo-me a reagir como se tivesse sido apanhado em falta (a falta seria o que aqui escrevi acerca dele...), mas respondo no mesmo tom às suas expansões. Tudo parece mais ou menos falso, mais ou menos hipócrita. Será? Saberá ele que me magoou? Qual dos Tabucchi é o verdadeiro? Este, ou o outro? Talvez ambos, talvez nenhum dos dois, talvez nos tenhamos perdido de vez neste mar de equívocos e de desconfianças...

9 de junho

De manhã, Escola Secundária de Gil Vicente. Duas horas a falar, de pé. Creio que os alunos ficaram satisfeitos, mas não posso impedir-me de suspeitar que, no fundo, nada disto — livros, escritores — lhes interessa muito. O programa manda, faça-se o que diz o programa, mas os gostos destes moços estão noutro lado. Foi-me perguntado (nunca falha) que conselho daria eu a um jovem aspirante a escritor, e eu respondi como sempre: não ter pressa (como se eu não a tivesse tido nunca) e não perder tempo (como se eu não o tivesse perdido jamais). E ler, ler, ler, ler...

Fim da tarde, a caminho de Beja, para um colóquio na Biblioteca Municipal. Boas instalações, o setor dos livros para crianças excelente: não se percebe como daqui irão sair futuros indiferentes à leitura. Durante a sessão saiu-me um professor de Filosofia (pobre filosofia!) católico integrista, discípulo do falecido monsenhor Lefèvre. Furibundo, declarou-se intolerante em relação a mim (o tema do colóquio era, precisamente, a Intolerância), e tudo por causa do *Evangelho*. Ainda. Protestava a criatura contra a conceção de Jesus como eu a descrevi, carnalíssima, ofendendo o dogma da virgindade de Maria, e eu respondi-lhe que se era verdade ter Jesus nascido como pura luz, então o Filho de Deus não podia ter tido umbigo, uma vez que não precisou de cordão umbilical nem de placenta, e quanto ao útero da mãe, se ela o tinha, não deve ter precisado de comportar-se biologicamente como tal. Quis ripostar, mas aí resolvi ser tão intolerante como ele e recusei-me a ouvi-lo. Cheguei a casa exausto. Vale a pena?

14 de junho

Regresso a Lanzarote. Faz hoje sete anos que conheci Pilar. Entro em casa com alegria.

15 de junho

O rio de correio que desaguava na Rua dos Ferreiros começa a desviar um braço para aqui. Encontrei de tudo: duas teses (uma de Adriana Martins, em Coimbra — *História e Ficção — Um Diálogo* —, outra de Roberto Mulinacci, em Florença — *Il Discorso Religioso nel Romanzo Saramaghiano*), livros, jornais, cartas. E, destas, duas que me deixaram comovido e confuso. Comovido por expressarem, uma e outra, de diferente maneira, uma espécie de veneração encaminhada tanto à obra como à pessoa que a escreveu, e confuso porque essa expressão ultrapassa, largamente, quer no conteúdo quer na forma, o que é comum em cartas de leitores, neste caso também escritores. Uma das cartas vem das Honduras, de Leonel Alvarado, que mal me recordo de ter conhecido em Mollina, a outra veio de Manuel Sorto, um salvadorenho que vive em Bayonne. (Fui agora procurar entre os livros e os originais que alguns dos jovens do Foro me ofereceram em Mollina, e encontrei, além de um poema inédito de Alvarado — *El reino de la zarza* —, um ensaio seu — *Sombras de hombres* — com dedicatória a Pilar. Na contracapa há um retrato dele: fez-se-me luz na memória.) Este caderno não é o espelho da Rainha Má da *Branca de Neve,* não tem a obrigação de dizer-me que sou, de facto, a estupenda pessoa que por vezes se quer ver em mim, e por isso deixarei as palavras de Manuel Sorto e de Leonel Alvarado lá onde estão. Aqui só me permito consignar, não um qualquer sinal de autocomplacência, mas o sentimento de avassaladora responsabilidade que cartas destas fazem nascer e crescer em mim. Que direi, por exemplo, duma outra carta, enviada a Lisboa, do diretor-geral do Instituto de Cooperação Iberoamericana, Javier Jiménez-Ugarte, que escreve, a propósito do que se passou na «Semana de Autor»: «Aunque sólo sea con carácter paradójico, y quizás sacrílego, querria afirmar para terminar que "si Saramago existe, existe Dios".» Que se passa? Esta gente endoideceu toda, ou eu sou realmente isso que andam dizendo, *bueno, en el buen sentido de la palabra,* como escreveu Antonio Machado? Será pois verdade o que disse no Porto, que, existindo e atuando, «a bondade seria a coisa mais inquietante do mundo»? Quem me acode? Quem me ajudará a explicar-me a mim mesmo?

16 de junho

Comprámos hoje a parcela de terreno que está em frente da casa, do lado do mar. Fiz o que estava ao nosso alcance para proteger a vista que tínhamos aqui quando construímos a casa. Agora só espero que o dono da parcela seguinte não levante lá uma torre para viver. Já nos sobeja esse misto de castelo e mesquita com que o mouro Rachid nos veio tapar a vista de Puerto del Carmen. Em quem nunca teve nada, como é o meu caso, dá muito que pensar este zelo de proprietário novel que não suporta vizinhanças.

17 de junho

Nisto de computadores, a regra de ouro, acabo de aprender, é não avançar um passo sem ter a certeza de poder voltar atrás. Por imprudência minha, foi-se-me o ícone WRITE, impedindo-me o acesso ao que escrevi. Faz-me impressão saber que existe, não sei onde, algo que me pertence e a que não posso chegar... Nem sequer sei onde está a porta que lá me levaria.

18 de junho

Recuperado (com alguns pequenos arranjos) de uma entre-vista dada a um jornalista francês e nunca publicada: «Um livro aparece a público com o nome da pessoa que escreveu, mas essa pessoa, o autor que assina o livro, é, e não poderia nunca deixar de ser, a par duma personalidade e duma originalidade que o dis-tinguem dos mais, *lugar organizador* de complexíssimas inter-relações linguísticas, históricas, culturais, ideológicas, quer das que são suas contemporâneas quer das que o precederam, umas e outras conjugando-se, harmónica ou conflitivamente, para nele definir o que chamarei *uma pertença*. Entendida a questão assim, e assumidas as consequências todas do que acabo de dizer, o pri-meiro "protagonista" de Proust, por muito singular que pareça, é a França, e só depois dela, não obstante terem "principiado" muito antes, é que vêm o Mundo e a Europa.»

19 de junho

Carta de Jorge Amado. Que está bem, em plena recuperação do enfarte. No entanto, não poderá assistir à reunião de 29 deste mês, em Paris, da Academia Universal das Culturas, onde iria apresentar as candidaturas de Oscar Niemeyer, Ernesto Sábato, eu próprio, e também de Jack Lang, agora que ele deixou de ser ministro. Passou, por isso, a sua representação a Yashar Kemal, aquele mesmo romancista turco (as voltas que a vida vai dando) que eu publiquei há muitos anos, quando trabalhava na Edito-rial Estúdios Cor... Na verdade, ignoro se há outros portugueses candidatos, ou mesmo se algum já teria sido feito «académico» antes. No que a mim se refere, a ideia foi do Jorge, mas, para falar francamente, não dou muito pelo acolhimento da magna assembleia. Se, porém, os caprichos do voto, ao contrário do que prevejo, se virarem benévolos para mim, terei de começar, por minha vez, a influir no sentido de virem a entrar em tão universal academia aqueles portugueses que de facto o mereciam: um Eduardo Lourenço, um José Mattoso, um Siza Vieira, um Pomar, um Óscar Lopes, um Mariano Gago...

21 de junho

Clara Ferreira Alves chegou ontem, veio para a entrevista que tínhamos combinado, sobre a Europa. O que já viu de Lanzarote tem-na deslumbrada. Levámo-la à Montanha do Fogo, a excursão obrigatória que nunca ninguém fará como desejaria, isto é, só. Hoje percebi que a praga turística seria mais suportável se esta gente, que já não pode trajar como os antigos exploradores, de caqui e chapéu de cortiça, não gostasse tanto de andar vestida com estas camisas e estes calções, berrantes de cor, estapafúrdios de desenho, capazes de ofender a mais agredida e resignada já das paisagens. Todos, sem exceção, fulminavam as montanhas com as câmaras de vídeo e as máquinas fotográficas, mas isto pode-se compreender, porque bem sabemos como a memória é esquecediça e com que frequência, quando invocada, começa a dizer uma coisa por outra. Enquanto íamos percorrendo os caminhos labirínticos do parque e se sucediam os vales e as encostas cobertas de cinzas, as caldeiras escancaradas como goelas no interior das quais imagino que o silêncio terá a espessura do próprio tempo, eu perguntava a mim mesmo por que teriam vindo aqui estes homens e estas mulheres, na sua maior parte grosseiros de palavras e de modos, e se amanhã,

61

depois de terem visto o que viram, notarão alguma mudança na sua maneira de ser e de pensar. Porém, mais tarde, na Fundação César Manrique, lendo um poema magnífico de Rafael Alberti sobre Lanzarote, senti que me tornava um pouco menos intolerante para com a grotesca vestimenta do geral dos turistas e muito menos convicto quanto à lógica da dedução que me tinha levado das camisas às mentalidades: como toda a gente sabe, não há, em todo o mundo, camisas mais disparatadas que as de Alberti, e se ele, tendo vestida uma camisa dessas, escreveu um poema assim, então... Deixo as reticências caladas e em suspenso, que só para isso é que servem, e volto ao autocarro da Montanha do Fogo, para lançar uma pergunta que tinha ficado por fazer: que sentiram aquelas pessoas quando lhes foi contada a história de um homem — Hilário se chamava — que durante cinquenta anos viveu no alto de Timanfaya tendo como única companhia um camelo? Que fibra do corpo, que tecido do espírito estremeceram nelas quando ouviram como Hilário plantou lá no alto uma figueira e como a árvore nunca pôde dar fruto porque a sua flor não podia alimentar-se da chama?

Dificuldade resolvida. Não é preciso que as personagens do *Ensaio sobre a Cegueira* tenham de ir nascendo cegas, uma após outra, até substituírem, por completo, as que têm visão: podem cegar em qualquer momento. Desta maneira fica encurtado o tempo narrativo.

22 de junho

Acabei a entrevista exausto. E com a desconfiança de não ter valido a pena vir Clara de tão longe para levar daqui este caldo

62

requentado de umas quantas repetidas opiniões, talvez sensatas, talvez inteligentes (não digo sempre, digo que alguma vez), mas de cuja consistência e adequação à realidade atual eu próprio já vou duvidando. O meu ceticismo sobre a Europa comunitária não se modificou, porém não consigo deixar de pensar que a Europa de hoje já deverá ter pouquíssimo que ver com aquela outra Europa que imaginei conhecer e de que me tenho permitido falar. O mais certo é existirem nela dificuldades infinitamente mais graves do que aquelas que um simples escritor (este) seria capaz de nomear. Como é que se pode, por exemplo, acreditar na boa-fé de Delors, que agora, na cimeira de Copenhague, se saiu com um apelo à solidariedade dos povos europeus para a resolução do problema do desemprego? Foi a falta de solidariedade que fez na Europa 18 milhões de desempregados, ou são eles tão-somente o efeito mais visível da crise de um sistema para o qual as pessoas não passam de produtores a todo o momento dispensáveis e de consumidores obrigados a consumir mais do que necessitam? A Europa, estimulada a viver na irresponsabilidade, é um comboio disparado, sem freios, onde uns passageiros se divertem e os restantes sonham com isso. Ao longo da linha vão-se sucedendo os sinais de alarme, mas nenhum dos condutores pergunta aos outros e a si mesmo: «Aonde vamos?»

25 de junho

Terminada a conferência que vou levar a Vigo, ao Encontro sobre Torrente Ballester. Hesitei entre escrever algo novo ou aproveitar o prefácio da tradução francesa da *Saga/Fuga*, mais tarde também publicado na edição portuguesa. Tinha pena de deixar para trás duas ou três ideias não de todo banais, principalmente essa (a que, tanto quanto sei, ninguém se atrevera até hoje) de que Alonso Quijano não enlouqueceu, antes, e muito mais simplesmente, tomou a decisão (Rimbaud: *La vraie vie est ailleurs*) de ser outra pessoa, de viver uma vida diferente (o prefácio foi publicado com um título que não deixa dúvidas: «Alguém que não seja eu, um lugar que não seja este»), como se tivesse dito à família: «Vou à rua comprar cigarros» — e desaparece. Ponderadas vantagens e desvantagens, o texto que lerei em Vigo é o resultado duma leitura nova do prefácio, reescrito, melhorado na forma, desenvolvido em alguns pontos, mas assentando sempre na relação entre Quijano e Quijote, entre Pessoa e os heterónimos, entre José Bastida e os seus quatro complementares: Bastid, Bastide, Bastideira e Bastidoff. Tornando, também, explícito o que no prefácio mal se aflora: que a *Saga/Fuga* é um tecido complexíssimo de planos cruzados, de interações de toda a ordem, ou, como digo agora, tudo, na *Saga/Fuga*, está ligado a tudo, exatamente como um corpo vivo, um sistema biológico, o esqueleto unido aos circuitos sanguíneos, o cérebro à espinal medula, a química digestiva à química assimilatória, o coração aos pulmões, o ato ao pensamento. Se a *Saga/Fuga* contém em si a sua própria metáfora, creio poder encontrá-la na «Homenagem Tubular», essa construção triplamente irradiante, tão capaz de voltar-se para dentro de si mesma e ocupar todos os espaços vazios deixados pela sucessão dos seus devires, como de prolongar-se pelos dois infinitos, o infinito superior e o infinito inferior, até alcançar, como diz a personagem que a inventou, tanto o Trono do Altíssimo como os domínios de Satã. Assim, ligada por todos os nervos e veias que há no corpo humano, céu e inferno agarrados por mão esquerda e mão direita, me aparece a *Saga/Fuga*, leitura do universo.

27 de junho

Fim de semana em Fuerteventura. Mais árido, mais agreste do que esta ilha de Lanzarote, em cuja paisagem, se repararmos bem, é possível reconhecer alguma coisa de teatral, uma maquinaria de rompimentos e bambolinas que distrai o olhar e faz viajar o espírito, como se estivéssemos diante de um ciclorama em movimento. Fuerteventura é todo secura e brutidade, ao passo que Lanzarote, mesmo quando nos parece inquietante, ameaçador, mostra um certo ar de doçura feminina, o mesmo que, apesar de tudo, teria Lady Macbeth enquanto dormia. As montanhas de Lanzarote estão nuas, as de Fuerteventura foram esfoladas. E se, em Lanzarote, excetuando as Montanhas do Fogo por serem parque nacional, as povoações se sucedem umas às outras, em Fuerteventura, que é três vezes maior, pode-se andar quilómetros e quilómetros sem encontrar vivalma, nem casas, nem sinais de cultivo. Fuerteventura dá a ideia de ser uma terra muito velha que chegou aos seus últimos dias. Os alemães estão por toda a parte, são pesados, maciços, ocupam, como coisa sua, os hotéis, as urbanizações turísticas, os restaurantes, as piscinas, as ruas. Habituaram-se a comportar-se como donos da ilha desde a Segunda Guerra Mundial, quando Fuerteventura esteve para ser base de submarinos da Alemanha, se outro tivesse sido o desfecho da batalha de El Alamein. Diz-se que, depois do fim da guerra, vieram cá esconder-se uns quantos nazis importantes. E que compraram, pelo preço da uva mijona, terras que são como latifúndios. Foi o tempo em que à entrada dos estabelecimentos propriedade de alemães se colocava um cartaz redigido nestes termos: «Proibida a entrada a cães e a canários.» Os canários em questão não eram as aves, que provavelmente estariam dentro animando os teutónicos ouvidos, mas os próprios habitantes das Canárias, por esta maneira (ironias do destino) emparceirados aos cães que deram o nome ao arquipélago. Ao longo da costa ainda se veem casamatas arruinadas, ninhos de metralhadoras. Estão ali desde a guerra civil. Desde há muito mais tempo, talvez desde o século XV ou XVI, encontra-se, ao sul da capital, num aldeamento turístico chamado El Castillo, uma fortaleza atarracada, em forma de tronco de cone, de pedras negras, singularmente evocadora. Sobranceira ao mar, rodeiam-na as instalações de um clube de férias, com piscinas de diferentes tamanhos e feitios e uma coisa de plástico verde, a que se dá o nome de relva artificial. Por cima da porta, um cartaz avisa que só estão autorizados a entrar os possuidores do cartão do clube. Pobre torre. Ali, com as bombardas apontadas ao mar, e os piratas que atacaram pela retaguarda...

Entrevista do padre Vítor Melícias ao *DN*. Pergunta do jornalista: «Já leu o último livro de Saramago, *In Nomine Dei*?» Resposta: «Não. Mas, segundo julgo, é sobre o comportamento desumano para com outros homens com motivações ideológicas, nacionalistas, partidárias ou religiosas. Todas as injustiças que se façam em nome de um deus ou seja do que for têm efeitos negativos. Nesse sentido, o livro é sempre positivo.» Nova pergunta do jornalista: «E *O Evangelho segundo Jesus Cristo*?» Resposta: «Li metade e não tive paciência para ler o resto. Está bem escrito, o Saramago é um excelente escritor, só que os bons escritores podem fazê-lo bem, mas nem sempre escrevem o bom.» Não vou deter-me no exame da diferença entre *fazê-lo bem* e *fazê-lo bom,* que daria pano para mangas. O que sobretudo me impressiona é a cândida declaração do padre Melícias de que não teve paciência para ir além de metade do *Evangelho.* Não teve paciência porque a narrativa o estivesse enfastiando?

Impossível. A um padre o *Evangelho* pode indignar, enfurecer, pode mesmo, no melhor dos casos, levá-lo a rezar pelo autor. Enfastiá-lo, nunca. Mas está escrito que padre Melícias perdeu a paciência, o que significa, conforme mo está dizendo aqui o dicionário de José Pedro Machado, que ao digno sacerdote, ao chegar à página 222, lhe faltou subitamente a «virtude que faz suportar os males, as contrariedades, os infortúnios, etc., com moderação, com resignação e sem murmúrios ou queixas». Espero que o grave desfalecimento tenha sido momentâneo, e que o padre Melícias, aliviado das 223 páginas que ficaram por ler, haja recuperado prontamente a paciência, virtude cristã por excelência, se em matéria de virtudes uma pode ser mais excelente que as outras. Em todo o caso, a recuperação não deve ter sido completa, uma vez que não chegou para levá-lo a ler *In Nomine Dei*. Ou muito me engano, ou anda aqui um gato que se escaldou e agora tem medo da água fria... E pensar eu que este padre Melícias ainda é dos melhores...

29 de junho

A Lisboa, para gravar uma entrevista com Carlos Cruz. A hospedeira de bordo passa com os jornais, peço-lhe dois ou três para me ir entretendo durante a viagem (não gosto de ler livros nos aviões) e vou correndo os olhos pelas notícias, que, sendo de ontem, já me parecem tão velhas como o mundo. De repente, fico parado diante de uma fotografia que enche a página quase toda. Só alguns minutos depois, quando saí da espécie de estupor em que caíra, reparei que se tratava de um anúncio da Amnistia Internacional. A fotografia mostrava dois rapazes chineses (adivinha--se a presença de um terceiro, que não se vê) ajoelhados, com as

mãos atadas atrás das costas. De pé, por trás deles, fletindo o joelho, três soldados que devem ter mais ou menos a mesma idade,
cravam-lhes literalmente as bocas das espingardas à altura do coração. Não se trata de encenação, a fotografia tem uma realidade
aterradora. Em poucos segundos os rapazes estarão mortos, esfa-
celados de lado a lado, com o coração desfeito. O texto diz que há
na China milhares de presos políticos, que devemos fazer alguma
coisa para os salvar. Deixo de olhar, penso que isto é banal, que
todos os dias nos põem diante dos olhos imagens que em nada
ficam a dever a esta (para não falar nas torturas e mortes fingidas
que as televisões servem a domicílio), e chego a uma conclusão:
que todos esses horrores, repetidos, cansativamente vistos e re-
vistos em variações máximas e mínimas, se anulam uns aos outros, como um disco de cores, rodopiando, se vai aproximando,
pouco a pouco, do branco. Como evitar que fiquemos, nós, também, imersos numa outra espécie de brancura, que é a ausência
do sentir, a incapacidade de reagir, a indiferença, o alheamento?
Talvez escolhendo deliberadamente uma destas imagens, uma
só, e depois não permitir que nada nos distraia dela, tê-la ali sempre, diante dos olhos, impedindo-a de se esconder por trás de
outros quaisquer horrores, que teria sido a maneira melhor de
perder a memória de todos. Para mim, fico com esta fotografia
dos três chineses que vão morrer (que já estão mortos) reben-
tados por três chineses a quem, simplesmente, alguém que não
aparece na imagem, disse: «Matem-nos.»

30 de junho

Fernando Venâncio escreve no *Jornal de Letras* um artigo
— «O homem que ouviu desabar o mundo» — sobre o Vergílio

Ferreira, a propósito da *Conta-Corrente*. E em certa altura diz: «Afirmei, um dia, levianamente, que a ascensão de Saramago se mantivera invisível ao diarista Vergílio. Hoje, dou-me conta de que, sob a referência inofensiva, sob o próprio silêncio, é essa partida do destino um dos motores do sofrimento. Vergílio Ferreira jamais perdoará isso aos fados. (E quem, no seu lugar, perdoaria? Na nossa história literária são casos excecionais as boas-vindas. Deu-as António Vieira a Manuel Bernardes, soube-as dar Filinto a Bocage. Não há memória de muitas mais.) Mas as autênticas contas de Vergílio com o seu tempo, se englobam essa desgraça cósmica que lhe calhou, são bem mais vastas e mais cruéis. Os considerandos poderão ser complicados, mas a tese é límpida: os parvos ainda não perceberam que o romance acabou. Não que Vergílio o saiba de observação, porque ele escassamente lê. "A obra dos outros, mesmo de muito alteados no panegírico, *não me interessa absolutamente nada*" (p. 73, sublinhado original). Há pior: "De vez em quando uma página ou outra de um autor entusiasma-me e vexa-me mesmo por me entusiasmar" (*ib.*).» Não comento. Digo apenas que Vergílio Ferreira, no fundo, não faz mal a ninguém. Dói-lhe e morde onde lhe dói para que lhe doa ainda mais, e isso talvez seja uma forma de grandeza.

2 de julho

O Prémio Camões, rotativo como uma mula tirando água à nora, estava obrigado, este ano, a calhar a um escritor brasileiro. O contemplado foi Rachel de Queiroz, e outra vez ficou de fora Jorge Amado, o que prova como são infatigáveis os ódios velhos. Sobre a rotatividade e a comparação com a mula, não é por desdém, falso ou verdadeiro, que elas aqui são chamadas: de mais sei eu que não serei nunca citado na hora das deliberações. O que me choca é a falta de sentido diplomático dos responsáveis desta honraria de escassa fortuna: dividem as literaturas de língua portuguesa, em grosso, por Portugal, Brasil e PALOPS (no inferno esteja quem tal sigla inventou), sem se darem ao incómodo de reparar que os países africanos são cinco e que, portanto, a rotação, para merecer o nome e ser equilibrada em oportunidades, teria de levar sete anos a dar a volta completa... Se Rachel de Queiroz ganhou este ano pela literatura brasileira, e Vergílio Ferreira, há dois anos, pela portuguesa, José Craveirinha, antes, teve de arcar com a representação dos PALOPS todos, o que, podendo ter sido uma honra para ele, me cheira a paternalismo neocolonialista do lado de quem o prémio atribui, isto é, os Estados português e brasileiro. Dir-se-á que sofro demasiado do mal de escrúpulos. Talvez sim. Em todo o caso, muito gostaria de saber o que pensarão disto os escritores africanos. (A propósito, que me lembrei agora mesmo: que diabo se passa com o dinheiro do prémio da APE, a que renunciei? Sempre foram enviados livros nesse valor para África? Continuam as conversações entre a APE, a SPA e o PEN para encontrar a «fórmula»? E, de reflexão em reflexão, uma suspeita me ocorre neste momento: aquela minha decisão, na altura tão louvada, não desprenderá, também ela, apesar da honrada sinceridade com que foi tomada, o mesmo nauseabundo cheiro?)

3 de julho

Carta de Manuel Fraga Iribarne, presidente da Xunta de Galicia, a convidar-me a participar no 60.º Congresso Internacional do PEN, em Santiago de Compostela, entre 6 e 12 de setembro: que «a minha voz não somente engrandeceria o sucesso, mas também ajudaria a pôr de manifesto que Santiago continua a ser lugar de encontro de grandes personalidades». Política a quanto obrigas... Do PEN Clube da Galiza já me tinha chegado convite igual, e eu disse que não poderia aceitar por causa da operação à catarata, marcada, entretanto, quando estive em Lisboa, para os dias 15 ou 16. Não sei que decida. Os dias do Congresso serão exatamente entre a Festa do Avante! e a operação: valerá a pena fazer a viagem? Aguentarei eu uma semana de palração, receções, comezainas e hipocrisias?

4 de julho

Deus, definitivamente, não existe. E se existe é, rematadamente, um imbecil. Porque só um imbecil desse calibre se teria lembrado de criar a espécie humana como ela tem sido, é — e continuará a ser. Agora mesmo, aqui na vizinha ilha de Hierro, quatro populações engalfinharam-se à pancada porque todas elas se achavam com direito a levar às costas um pedaço de pau a que chamam Virgen de los Reyes. E em Sivas (Turquia) uma pandilha de criminosos de «direito religioso», chamados integristas islâmicos, incendiaram o hotel onde vivia Aziz Nesin, editor de alguns capítulos dos *Versículos Satânicos* no jornal de esquerda *Aydinlik*. Da façanha dos diletos filhos de Alá resultaram 40 mortos e 60 feridos. Nesin foi salvo pelos bombeiros, esses abnegados «soldados da paz», que depois quiseram emendar a mão e linchá-lo quando o reconheceram. A intervenção de um polícia salvou a vida ao homem. Estes dois casos, tão parecidos na sua substância, acabaram de decidir-me a ir ao Congresso do PEN Clube. E, assim, eis-me a fazer o que nunca imaginei: escrever uma carta a Manuel Fraga Iribarne...

71

6 de julho

Maria do Sameiro Pedro envia-me a gravação da lição pública que deu no âmbito de um curso de mestrado em literatura portuguesa contemporânea da Faculdade de Letras de Lisboa, sobre o *Manual de Pintura e Caligrafia*. Pede-me que lhe dê opinião, e isso vai-me custar torturas, pois qualquer maria--do-sameiro deste mundo sabe infinitamente mais do que eu a respeito dessas questões de análise e interpretação de textos, para que me faltam a técnica e a linguagem. Canso-me a insistir que não passo de um prático da escrita, mas as universidades acham-me graça quando lá vou e lhes levo umas quantas ideias simples, bastante pedestres, que pelos vistos soam a coisa nova, como se as estivesse dizendo Candide. Também me escreveu, por intermédio da editora, um professor da Escola Secundária de Mogadouro, a viver no lugar de Brunhosinho, que me trata por Excelentíssimo Senhor Doutor, a mim que nasci na Azinhaga. Chama-se Jacinto Manuel Galvão, frequentou o curso de Doutorado da Universidade de Salamanca, e agora pensa em fazer uma tese sobre a minha «obra» (como nunca me habituarei a pronunciar esta palavra com naturalidade, meto-a entre aspas) para o que gostaria de trocar algumas impressões comigo. Diz que vive longe de Lisboa, mas terá o maior prazer em fazer a viagem. Vamos a ver como se resolve o problema: ele parece não saber quão longe vivo, também eu, de Lisboa...

E uma terceira carta recebi, vinda de Badajoz, de alguém que assina Mario Ilde Velasco de Abreu Alves. Sobretudo por causa dos apelidos portugueses, lembro-me de lhe ter autografado alguns livros quando ali estive, na Feira do Livro. Não por comprazimento, mas arriscando a acusação de falta de pudor intelectual, tenho transcrito, uma ou outra vez, para este caderno, excertos de cartas que recebo. Recaio hoje na mesma debilidade, resistindo à tentação fortíssima de copiar a carta inteira, quatro extraordinárias páginas que me deixaram sem respiração. Fique o último parágrafo como amostra:

«Ahora sé que estaba equivocado; no me invade ya la angustia de haber perdido de mi memoria ese Saramago que no conferenciaba, que no firmaba autógrafos o estampaba sellos, como quiera llamar-se: sí lo sé, porque el me presentó a Blimunda y me hizo viajar en Dos Caballos — que no en el dos caballos — por la península, o en el Aparato Volador de Bartolomeu Lourenço por el cielo de Mafra, el que me acompañó varias veces por la escalera del Bragança, el que me guiñó el ojo azul de las estirpes alentejanas — condenadas ellas también no a cien, sino a mil años de prostración, que es una situación que abarca la soledad, pero en peor postura; o el que me sorprendió primeramente con el final del mar y el principio de la tierra y, finalmente, con el mar acabado y la tierra esperanzada, em medio de lo cual Lidia y Ricardo jugaban al escondite con Pessoa; el que, en fin, me describió tan poligónicamente el grabado de Durero como incisiva y velozmente sus particulares fotos de Portugal, cuyas imágenes me son tan conocidas — éstas portuguesas, aunque también aquéllas del cráneo, del Gólgota —, que de familiares casi todas ellas, se transforman en ocasiones con el breve pie que las glosaba. Sí, lo estaba, porque aquél portugués que me fascinó no subió al estrado, ni firmó mis libros, ni pronunció una sola palabra: él, como mi Proust, como nuestro Cervantes, como mis ciudades y mis amores más queridos, no se ha movido de mi biblioteca: está, vigilante, en mis estantes y en mi mesilla de noche.»

Com grande sigilo, telefona-me Giovanni Pontiero para me dizer que me vai ser atribuído o prémio do jornal inglês *The*

Independent, para o qual, desde há um ano, estavam a ser selecionados romances estrangeiros traduzidos em inglês, um cada dois meses. O primeiro, em agosto do ano passado, foi *O Ano da Morte de Ricardo Reis,* que, ao que parece, primeiro acabará por ser. A notícia é boa e, de todas as possíveis, a menos previsível, para não dizer inesperada de todo. Um prémio de Inglaterra a um livro de um escritor português é algo a que nenhuma imaginação se atreveria, mesmo em estado de delírio. Curioso, mais uma vez, é eu ter de forçar-me para mostrar alguma satisfação. Pilar diz que vou tendo «pele de elefante», mas, na verdade, não creio que se trate disso. É antes a sensação estranha de que estes vítores não se dirigem a mim, mas a outra pessoa que, sendo eu, ao mesmo tempo o não é. Quando ontem, com sigilo igual, me disseram de Lisboa que são muitas as probabilidades de que o Prémio Vida Literária, da APE, venha este ano para mim, também tive de esporear o rocinante para que ele se resolvesse a cabriolar um pouco. E, mesmo assim, o que eu entretanto estava pensando era na deceção daqueles que se creem com direito a recebê-lo, decerto com motivos suficientes e em sua opinião mais do que eu. E também pensava no cortejo de invejas, de intrigas e de maledicências que este prémio, confirmando-se a informação, me vai custar. São-me difíceis estas alegrias, e ainda por cima pago-as com um insuportável mal-estar. Giovanni Pontiero torna a dizer-me: «Nem uma palavra, José» — e ele não suspeita o que para mim vai significar esse silêncio que me é imposto em nome das conveniências publicitárias: durante alguns dias, o prémio do *Independent* (o outro também, se vier) será só meu, não andará aí aos baldões pelas ruas, agredido pelos rancores, cuspido pelas invejas, ofendido pelos despeitos. Estaremos, nesses dias, ele e eu, limpos e inocentes.

Um dia cheio, a transbordar.

7 de julho

A notícia de que o Prémio Juan Rulfo foi para Eliseo Diego deixou-me contente. Conheço Eliseo desde há alguns anos, porém não somos amigos, e, na verdade, não sei por que diabo de timidez, sua ou minha, nunca trocámos mais do que meia dúzia de palavras formais nas vezes que estive em Cuba. Não é portanto a amizade que se sente lisonjeada. O que sucede é que tenho por Eliseo Diego uma admiração que começou logo no primeiro dia em que li poemas seus e que, depois, com o tempo, não fez mais que crescer. Considero-o um dos grandes poetas deste século, e disse-o dentro e fora de Cuba, sempre que a ocasião se apresentou. Se os prémios, além de darem dinheiro, fazem justiça, deste se pode dizer que já estava a tardar. E que a Maria Alzira Seixo fizesse parte do júri, que eu a tivesse animado a aceitar o convite que lhe fizeram — são outros motivos mais do meu contentamento. Provavelmente, ninguém reparou que entre os votos a favor de Eliseo havia um que não se sabia donde vinha. A revelação aqui fica: era meu.

8 de julho

Ontem, de mansinho, insinuei a Giovanni a hipótese de não ir a Londres. Hoje chegou um fax arrasador: o rol dos atos previstos é de tal modo que não tenho mais remédio. Ainda assim, o que muito me divertiu na longa lista dos compromissos que me esperam foi a informação de que «o pessoal da Embaixada Portuguesa está convidado». Ora, o mínimo que se poderá dizer desse «pessoal» é que não se vê que tenha feito grandes coisas em benefício da cultura portuguesa, lá nas britânicas terras onde

nos representa (ou rejeitam essas terras as urtigas lusitanas?).
Enfim, esta viagem oferece-me, a par do resto, uma ocasião excelente para, sem abrir a boca, dar ao conselheiro cultural Eugénio Lisboa a resposta à pergunta que me consta ele ter feito, ainda não há muito tempo, a Alexander Fernandes, que foi ou continua a ser professor da Universidade de Estocolmo: «O que é que o Saramago tem andado a fazer depois dos poemas que escreveu?» Quando em Londres nos encontrarmos, Eugénio Lisboa não conseguirá fugir a ler nos meus olhos aquilo que durante todos estes anos não quis saber: «Andei a ganhar o prémio do *Independent*, senhor conselheiro...»

10 de julho

Nos *Poemas Possíveis*, que foi publicado em 1966, aparecem uns versos — «Poema a boca fechada» — escritos ainda nos anos 40 e conservados até àquela altura por uma espécie de superstição que me impediu de lhes dar o destino sofrido por tantos outros: não o cesto dos papéis, pois a tanto não chegavam os meus luxos domésticos, mas, simplesmente, o caixote do lixo. Desse poema, as únicas palavras aproveitáveis, ou, para dizê-lo doutro modo, aquelas que o puseram a salvo da tentação destruidora, são as seguintes: «Que quem se cala quanto me calei / não poderá morrer sem dizer tudo.» Sobre o dia em que elas foram escritas passaram quase cinquenta anos, e se é certo lembrar-me ainda de como era o meu silêncio de então, já não sou capaz de recordar (se o sabia) que *tudo* era aquele que me iria impedir de morrer enquanto não dissesse. Hoje já sei que tenho de contentar-me com a esperança de ter dito *alguma coisa*.

12 de julho

Últimas notícias da Academia Universal das Culturas. Que os nomes de Ernesto Sábato e meu serão propostos ao plenário, mas não o de Oscar Niemeyer. A razão da exclusão, diz-me Jorge Amado, é ter sido entendido que o Brasil já se encontra representado na Academia — por Amado. Onde é que se viu tamanho disparate? Quererá isto dizer que, supondo que a mim me aprovam, Portugal não poderá vir a ter outro representante? Além de ser claríssimo que este pobre não tem merecimentos nem arcaboiço para aguentar sozinho a carga, vão ficar de fora nomes portugueses como os que aqui já deixei escritos? A Academia é por méritos, ou por quotas?

13 de julho

«Sinceramente o felicitamos», diz-me numa carta Eugénio Lisboa. O plural não é majestático, como à primeira vista poderia parecer. Eugénio Lisboa fala em nome da embaixada, felicita-me em nome dela e, agora em nome do ministro conselheiro, convida-me para um almoço, ou um jantar, ou uma receção. E tudo, felicitação e convite, por eu ter ganho o prémio do *Independent*. Provavelmente, não aceitarei. Respondi a dizer que ainda não tenho informações sobre o programa (o que, aliás, é verdade), mas que, fosse como fosse, a minha estada em Londres seria curta. Daria alguma coisa para estar na cabeça de Lisboa, a assistir ao desfilar dos seus desconcertados pensamentos, a pergunta para que nunca encontrará resposta: «Como foi isto possível?»

14 de julho

Em Vigo. Gonzalo Torrente Ballester não tem assistido às sessões do congresso sobre a sua obra. Está na sua casa de La Romana, a convalescer da pneumonia que o levou ao hospital. Espera-se que possa aparecer num dia destes. Ficamos, Pilar e eu, no Hotel de Las Tres Luces, onde me dizem que se pensa em dar o nome de Torrente ao quarto em que costuma alojar--se quando tem de ficar na cidade. São pequenas homenagens, com tanto de respeito e sinceridade como de interesse comercial. Mas não será daqui que virá mal ao mundo.

15 de julho

Zeferino, que veio de Lisboa para estar com Torrente e aproveitar do passeio, traz-me o *Público* de hoje, onde vem a notícia da minha «candidatura» ao prémio do *Independent*, e a informação de que sou um dos favoritos. Por enquanto, só isto, embora a notícia tenha sido redigida de modo a sugerir alguma coisa mais... Fiquei finalmente a saber quem foram os meus competidores: nem mais nem menos que Günter Grass, Yvan Klima, Ismail Kadaré e Juan Goytisolo... A estas horas, na pátria, não faltará quem ande a repetir, noutros tons, aquela pergunta que imaginei para Eugénio Lisboa: «Como é que o gajo conseguiu?» Dou-lhes alguma razão. Eu próprio, a falar verdade, tenho certa dificuldade em perceber como foi possível que este lusíada da infantaria ombreasse e, por esta vez, passasse à frente de cavaleiros tão excelentes.

À entrada do auditório, umas mocinhas da Universidade encarregam-se da venda dos livros de Torrente. Escolho uma meia dúzia deles e fico à espera de que me façam as contas e digam quanto tenho de pagar. Seis livros, seis parcelas de uma soma simples, nenhuma delas com mais de quatro dígitos. A primeira tentativa falhou, a segunda não foi melhor. Eu olhava, assombrado, o modo como a rapariga ia somando, dizia sete mais seis, treze, e vai um, escrevia 3 na soma, 1 ao lado, e prosseguia, adicionando por escrito os que iam aos que estavam, como, nos velhos tempos, um estudante da primeira classe antes de aprender a usar a memória. Uma colega explicou-me com um sorriso meio envergonhado: «É que falta a máquina.» Diante daquela florida e ignorante juventude, senti-me, de súbito, infinitamente sábio em aritméticas: pedi o papel e o lápis, e, com um ar de triunfo condescendente, rematei a soma num instante, mentalmente. As pobres pequenas ficaram esmagadas, confusas, como se, tendo-lhes faltado os fósforos no meio da selva, lhes tivesse aparecido um selvagem com dois pauzinhos secos e a arte de fazer lume sem calculadora.

16 de julho

Quando li os *Cuadernos* de Torrente, imaginei La Romana como uma espécie de Subiaco galego, um ermitério meio enterrado numa cova húmida, entre musgos milenários e nevoeiros de Elsinor, onde o escritor, como outro agrilhoado Prometeu, estaria lutando contra o abutre da solidão e do reumatismo. A culpa tinha-a Torrente, que, página sim, página não, irritadamente se queixava do seu destino e da má ideia que havia tido de recolher-se à Ramalhosa, que esse é o nome da aldeia. Afinal, La Romana é, em casa, o que de mais normal se pode encontrar, burguesmente geminada, discreta, rodeada de buganvílias e, pelo menos nestes dias de verão, um aprazível lugar para viver, sem mais brumas do que aquelas, vaporosas, graças às quais se pode, ainda hoje, ver dançar as fadas. Encontrámos Gonzalo emagrecido, pálido, torcido o corpo mais que de costume, menos forte a voz, mas com a tranquila e íntima certeza de que tudo não passa de um mau bocado, como outros que viveu antes, e de que não tardará a deitar mãos ao trabalho. À tarde, no auditório, amparado por dois dos filhos, aplaudem-no em lágrimas. Eu li a minha breve conferência e comovi-me como toda a gente.

18 de julho

No Escorial, para o encontro sobre «o futuro da edição na Europa», assunto que está, obviamente, fora do alcance de quem, em conhecimento direto da matéria, se ficou nos ingénuos anos 60, quando o preço de capa dos livros ainda era fixado a olho pelos editores, dez escudos por cada cem páginas, com frações de cinco escudos quando necessário, e o resto na mesma conformidade, menos que artesanal. Estarei aqui dois dias para ajudar com as minhas fracas luzes a doce ilusão cultural a que se reduzem os cursos de verão. O programa da Complutense parece uma bíblia, o índice dos conferencistas de distintos graus ocupa mais de trinta páginas, a duas colunas. Duvido que os resultados venham a estar à altura dos dinheiros gastos.

19 de julho

A gente conversa, diverte-se, conta histórias, atura anedotas. E, uma vez ou outra, consegue dizer ou ouvir coisas com um grau suficiente de inteligência. Foi o caso do texto de Juan José Millás, por ele lido na mesa-redonda de hoje, irónico, corrosivo, sobre as vacas e os escritores na Europa... Também algumas ideias interessantes, temperadas de um saudável pessimismo, na intervenção do representante da Gallimard, Jean-Marie Laclavetine, em contraste com o quase beatífico otimismo de Peter Mayer, presidente da Penguin Books, a quem os negócios devem estar a correr muito bem para tanto desdenhar da crise.

20 de julho

Outra mesa-redonda, pessimamente orientada por um moderador que em cada quatro palavras metia duas citações. Participei também, a pedido de Juan Cruz, e o facto há de ter parecido estranho ao dito moderador, tanto assim que fui anunciado nos seguintes termos: «Fulano já esteve ontem numa mesa-redonda, mas vamos ouvir o que terá para nos dizer...» Respondi-lhe que tinha fôlego para entrar até em trinta mesas-redondas seguidas, e que quando as ideias novas me faltassem, trataria, pelo menos, de fazer com que as velhas parecessem renovadas. O público achou graça, suponho que por ver em mim o vingador do enfado que lhe estava causando o dicionário de frases célebres. Uma delas tinha sido aquela, calistíssima, do «navegar é preciso, viver não é preciso», que até já deu canção, e que, segundo ele, Antonio Machado glosou em «viver para ver». Claro que toda a gente se mostrou de acordo com a sentença machadiana, mas só até ao momento em que eu me atrevi a dizer que Antonio Machado se havia equivocado, como equivocado estivera Júlio César, o presumível autor do primeiro dito, pois o que é preciso é viver — para poder navegar. A plateia gostou. Depois da mesa-redonda, um colóquio sobre o *Ricardo Reis* e o *Evangelho*. Todo o mundo contente.

21 de julho

Regresso a casa exausto de pouco dormir e muito falar. Mal acabo de entrar sai-me da máquina do fax uma carta do Zeferino: que a TSF deu esta manhã a notícia do prémio. A fonte da informação teria sido Londres, com pedido de reserva até ao dia 29, que a TSF, claro está, não respeitou... (Menos mal que não foi por inconfidência de nenhuma das pouquíssimas pessoas a quem eu, sob juramento, havia revelado o segredo.) Não tardou muito que tivesse de responder, pelo telefone, a um jornalista da TSF, que pretendia à viva força arrancar-me uma declaração: «Não me foi feita qualquer comunicação oficial, portanto nada tenho a dizer.» Ainda tentou chegar por outro caminho ao que lhe interessava, querendo que eu lhe dissesse quais haviam sido os meus pensamentos e emoções quando da publicação do *Ricardo Reis*, em 1984. Respondi-lhe que uma palavra minha, qualquer que fosse, nesta altura, só serviria para aumentar a confusão, e nisto ficámos, eu a defender uma mentira de que não sou responsável, ele a fazer de conta que acreditava em mim. Assim vai a vida. Uma hora depois sei que Mário Soares, em declaração à TSF, se havia congratulado com a notícia, acrescentando que este prémio deveria ser entendido como a «reparação de uma injustiça». Foi pena que o jornalista não se tivesse lembrado de perguntar ao Presidente a que injustiça se referia ele: à censura ao *Evangelho*, no ano passado? Ou aos desdéns dos senhores membros do júri da APE, em 1985?...

22 de julho

Já chega de prémios e de histórias de prémios. Agora vem a Maria Alzira e diz-me, palavra por palavra, sobre o Prémio Juan Rulfo, aquele que foi atribuído a Eliseo Diego: «.... que eras o grande favorito, que não ganhaste por pouco, e sobretudo porque apareceu lá um membro do júri tirado a papel químico do Rafael Conte do Prémio de Literatura Europeia, só que além disso era mal-educado e não tinha pejo em insultar algum membro do júri que se opusesse às suas investidas venezuelanas.» Jamais imaginaria eu que o nome de José Saramago pudesse ter sido jogado nos debates, de um prémio tão distante, lá onde os meus leitores não devem ser muitos, salvo se Seix Barral não me anda a dar as contas certas das vendas na América Hispânica.

Pois não, não chega de prémios... Ao fim do dia, telefona-me José Manuel Mendes para me dizer que o Prémio Vida Literária, praticamente, já é meu, e até talvez por unanimidade de votos dos diretores da APE, que são nove. Quarta-feira se saberá. E esta, hem? Que boas estrelas estarão cobrindo os céus de Lanzarote? A vida, esta vida que inapelavelmente, pétala a pétala, vai desfolhando o tempo, parece, nestes meus dias, ter parado no bem-me-quer...

24 de julho

O prazer profundo, inefável, que é andar por estes campos desertos e varridos pela ventania, subir uma encosta difícil e olhar lá de cima a paisagem negra, escalvada, despir a camisa para sentir diretamente na pele a agitação furiosa do ar, e depois compreender que não se pode fazer mais nada, as ervas secas, rente ao chão, estremecem, as nuvens roçam por um instante os cumes dos montes e afastam-se em direção ao mar, e o espírito entra numa espécie de transe, cresce, dilata-se, não tarda que estale de felicidade. Que mais resta, então, senão chorar?

26 de julho

Graça Almeida Rodrigues, a conselheira cultural na Embaixada de Portugal em Washington, escreve-me para agradecer as informações que, eu, sim, agradecido, lhe havia dado acerca das entidades, tanto de Itália como de Portugal, com quem a National Gallery of Art terá de entender-se para obter material sobre a *Blimunda,* incluindo um vídeo do espetáculo (o do Teatro de S. Carlos é melhor que o de Milão), tudo destinado à exposição sobre a Arte do Barroco em Portugal que ali se vai realizar não sei quando. Espero bem que a direção da National Gallery, na altura própria, me faça o favor de convidar à inauguração o Sr. Cavaco e o Sr. Lopes para que eles experimentem o gosto de me encontrarem onde de todo não me esperam, podendo até vir a acontecer, se não é esperar demasiado da minha boa estrela, que o Sr. Cavaco, vistas as dificuldades assiduamente manifestadas na leitura e compreensão do português, se deixe persuadir pela edição norte-americana do *Memorial,* que lá vai estar à venda... Assim seja.

27 de julho

Amanhã, lá seguimos para Londres, ao prémio do *Independent.* A embaixada insistiu em assinalar o evento com um almocinho, e eu, bom rapaz, não tive a coragem de dizer-lhes as duas verdades que a atitude de Eugénio Lisboa para comigo anda a merecer. Ao que parece, se compreendi bem umas meias palavras de Pontiero, a embaixada pôs de lado os seus bons propósitos primeiros de providenciar o pagamento das passagens, e é o próprio *The Independent*, pelos vistos, quem chama a si o encargo. Tentarei deslindar a meada, a não ser que a intriga, que adivinho de coturno baixo, venha a enojar-me tanto que eu prefira nem saber. O pior é que, mais tarde ou mais cedo, sempre há alguém para contar-me estas historiazinhas miseráveis...

Encontram-se em Lanzarote, desde ontem, dois jornalistas da SIC para entrevistar-me. Estiveram aqui em casa e gostaram, depois levei-os a Timanfaya e ficaram deslumbrados. O resto já é arquiconhecido: as sempiternas perguntas, as sempiternas respostas. Começo a sentir-me como um disco rachado, um daqueles 78 rotações do tempo da maria-cachucha, repetindo infatigavelmente (ou já cansado?) os mesmos três ou quatro compassos da mesma velha canção.

1 de agosto

Convém não perder a cabeça: *The Independent* não é a Inglaterra e a Inglaterra não é o Reino Unido. No entanto (ah, como estas ressalvas, em regra tão restritivas, conseguem ser, às vezes, confortadoras e generosas...), o acolhimento não podia ter sido mais expansivo, a simpatia mais cordial, a admiração mais demonstrativa, a ponto de ser lícito duvidar, tão grande estava a ser a minha perplexidade, se seriam ingleses de verdade aqueles escritores, aqueles editores, aqueles jornalistas. Desconfio que o próprio pessoal da embaixada — Seixas da Costa, Lisboa e Knopfli —, a par das suas próprias e mais ou menos sinceras razões para festejar o premiado compatriota, se deixou levar pela corrente, deixando para o rescaldo do dia seguinte a análise do inaudito facto e das reações a ele, tanto as manifestas como as ocultas.

A entrega do prémio ao autor e ao tradutor (comoveu-me a alegria de Giovanni Pontiero) fez-se na Academia Italiana, em Kensington, no mais insólito e desconcertante cenário que seria possível imaginar, ainda que eu desconfie que nenhuma imaginação se atreveria a ir tão longe: uma exposição de sustedores (muitas dezenas, talvez duas ou três centenas), desde aqueles que só a celebridade dos seios que ampararam algum dia (caso de Brigitte Bardot ou de Anita Ekberg) distinguia do comum, até às formas mais desvairadas, agressivas, estapafúrdias, hilariantes, humorísticas, ameaçadoras, sadomasoquistas — arame farpado, torneiras, globos oculares, globos terrestres, bandeiras, armários, buzinas, plumas, facas, martelos, mãos, cabeças de animais, etc., etc. —, um não acabar de disparates, interrompidos lá de vez em quando por um desenho subitamente poético, um contorno suave, um movimento de carícia terna. Devo confessar que temi. Vi os chocarreiros da nossa praça afiando a língua diante da inesperada pitança, oferecida de bandeja (é o termo) ao seu talento de maldizentes e de escarnecedores, mas depois, olhando em redor a delirante exposição, murmurei com os meus botões: «Já estive em piores companhias» — e em um minuto retomei o meu natural, tranquilo como se estivesse rodeado pela minha própria biblioteca, e não por tantas «encadernações» daquilo que mais vale seja mostrado como um livro aberto.

A cerimónia (se assim tenho de chamar-lhe) decorreu com simplicidade e boa disposição. Terminada ela, fomos jantar a um restaurante perto. Havia gente do júri (Doris Lessing, Michael Wood, Gabriel Josipovici), do *Independent* (Robert Winder, também jurado, Isabel Hilton, Pippa Baker), da editora Harvill (Christopher Maclehose e a mulher), e uns tantos mais que não cheguei a identificar. Com o vinho e a animação, as vozes subiram como se estivéssemos num bar de Sevilha. Doris Lessing queria falar russo comigo, depois com Pilar, e perante a nossa ignorância, acenava a cabeça e sorria (tem um sorriso magnífico), como se quisesse consolar-nos: «Deixem lá, não tem importância...»

O almoço do dia seguinte foi com o pessoal da embaixada. Conversou-se, todos muito à vontade, como se nunca tivéssemos feito outra coisa na vida, e eu falei mais do que é meu costume. Estava também a Paula Rego, feliz por ter acabado de comprar um ateliê, o primeiro para seu uso exclusivo, o que, sendo ela quem é, me pareceu impossível. Mas o melhor da festa foi, em certa altura, ter-se chegado ao pé de mim um empregado do restaurante, português, que me disse da pena que sentia por não ter ali nenhum dos meus livros, ele que é meu leitor e meu admirador... O pessoal da Embaixada ficou fulminado, de garfo no ar, a meio caminho entre o prato e a boca: se o restaurante tivesse sido escolhido por mim, não me livraria da suspeita de ter combinado previamente o episódio, a fim de me tornar mais importante do que sou aos olhos da pátria, dando como testemunhas dessa acrescentada grandeza, imagine-se, os nossos próprios e imparciais representantes diplomáticos...

Em Londres me achava eu, no hotel, ao princípio da tarde de 29, quando chegou o fax de Zeferino, a dizer que a Lusa estava a difundir a notícia de que me havia sido atribuído, pela APE, o Prémio Vida Literária. Pilar lera-o primeiro, e eu soube-o antes de o ler, pela alegria dos seus olhos.

2 de agosto

Escrevi as primeiras linhas do *Ensaio sobre a Cegueira*.

Um telegrama de Mário Soares, a felicitar-me pelos prémios, datado de 29 e enviado para aqui, só hoje me foi entregue... Já tínhamos, Pilar e eu, estranhado o silêncio do Presidente, tão fora do que é o seu procedimento habitual nestes casos. Carimbado em Arrecife naquela mesma data, o telegrama levou quatro dias a percorrer os onze quilómetros de boa estrada que nos separam.

3 de agosto

Duas passagens da carta de agradecimento a Mário Soares. A primeira: «Se bem repararmos, os agradecimentos podem ser tão formais e indiferentes como são, não raras vezes, as felicitações, pura obrigação protocolar ou social, nada mais. Sei, de ciência certíssima, que as palavras que teve a delicadeza de escrever-me não sofrem dessa banalização, e gostaria que soubesse que o meu reconhecimento e a minha gratidão não lhes ficam atrás em sinceridade, e levam com eles, por acrescento, um pequeno mundo de sentimentos que talvez um dia eu venha a tentar destrinçar: o da minha complexa relação com um homem chamado Mário Soares...» A segunda passagem: «Andava há já duas semanas para lhe agradecer o seu livro *Intervenções 7*, mas as viagens que tive de fazer entretanto foram-me obrigando a adiar o que também nunca seria uma simples formalidade. Por duas razões: a primeira, para sorrir consigo daquela nossa troca de cartas que com tanto humor recorda na entrevista que deu ao Baptista-Bastos; a segunda, para felicitá-lo pela inteligência do seu Prefácio, excelente relacionação das contradições deste confuso tempo e análise lúcida dos problemas criados pelas "gerações perdidas" que se despedem com o milénio — e que são as nossas. Apenas achei em falta, se me permite que lho diga, uma denúncia frontal daquele fator que, pelo menos aos meus olhos, se apresenta como o grande obstáculo a uma existência humana social e eticamente digna: o poder financeiro mundial, esse que, precisamente por não ter ideologia, veio a perder todo o sentido de humanidade.»

Um crítico brasileiro, Alberto Guzik, escrevendo sobre *In Nomine Dei*, diz que eu, sendo, como romancista, «notável, único», não pareço ter noção das exigências específicas do teatro, e que, para levar ao palco uma peça como esta, seria necessário o talento de um Peter Brook. Antes, para expressar da maneira mais viva as suas dúvidas sobre a especificidade teatral da peça, tinha dito que ela lembra mais a estrutura de um libreto de ópera e que é mais poema dramático que teatro... A confusão é manifesta. Se *In Nomine Dei* não é teatro, nem Peter Brook a salvaria, e certamente menos ainda (com o devido respeito) os brasileiros Antunes Filho e Gabriel Villela, um «sintético», outro «barroco», como sugeriu e classificou o crítico. O que Alberto Guzik se esqueceu de dizer é que a possibilidade da representação da minha peça depende menos de encontrar-se para ela um encenador genial do que, simplesmente, acharem-se os atores capazes de enfrentar-se com um texto com a densidade conceptual deste...

4 de agosto

Para *Letras & Letras* escrevi um artigo sobre o José Manuel Mendes, do qual passo para aqui uma parte: «Quem lê poesia, lê para quê? Para encontrar, ou para encontrar-se? Quando o leitor assoma à entrada do poema, é para conhecê-lo, ou para reconhecer-se nele? Pretende que a leitura seja uma viagem de descobridor pelo mundo do poeta, como tantas vezes se tem dito, ou, mesmo sem o querer confessar, suspeita que ela não será mais do que um simples pisar novo das suas próprias e conhecidas veredas? Não serão o poeta e o leitor como dois mapas de estradas de países ou regiões diferentes que, ao sobrepor-se, um e outro tornados transparência pela leitura, se limitam a coincidir algumas vezes em troços mais ou menos longos de caminho, deixando inacessíveis e secretos espaços de comunicação por onde apenas circularão, sem companhia, o poeta no seu poema, o leitor na sua leitura? Mais brevemente: que compreendemos nós, de facto, quando procuramos apreender a palavra e o espírito poéticos?

«É corrente dizer-se que nenhuma palavra é poética por si mesma, e que são as outras palavras, quer as próximas quer as distantes, que, sob intenção, mas igualmente de modo inesperado, podem torná-la poética. Significa isto que, a par do exercício voluntarista da elaboração do poema, durante o qual não raro se buscam a frio efeitos novos ou se tenta disfarçar a presença excessiva dos antigos, existe também, e essa será a melhor sorte de quem escreve, um aparecer, um situar-se natural de palavras, atraídas umas pelas outras como as diferentes toalhas de água, provindas de ondas e energias diferentes, que se alargam, fluindo e refluindo, na areia lisa da praia. Não é difícil, em qualquer página escrita, seja de poesia seja de prosa, encontrar sinais destas duas presenças: a expressão lograda que resultou de um uso consciente e metódico dos recursos duma sabedoria poética oficinal, e a expressão não menos lograda do que, não tendo, como é óbvio, no seu fazer-se ou achar-se feito, abdicado daqueles recursos, se viu surpreendido por uma súbita e feliz composição formal, como um cristal de neve reuniu, na perfeição da sua estrela, umas quantas moléculas de água — e só essas.»

6 de agosto

Morreu o Armindo Rodrigues. A última vez que o vi foi no Hospital de Santa Maria, não recordo há quantos meses. Já era quase o fantasma do homem robusto que eu conhecera, mas a força da mão que durante todo o tempo que ali estive prendeu a minha, estava ainda intacta. Quando me viu entrar no quarto voltou a cabeça para o outro lado, como se pudesse evitar que eu me apercebesse de que não tinha podido reter as lágrimas. Era uma sombra, digo, mas os seus olhos claros conservavam a reta firmeza de sempre. Depois, para minha vergonha, não tornei a lá ir. Dava a mim mesmo a desculpa do costume: que me doía ser testemunha da decrepitude a que chegara um homem que havia sido, até aos últimos anos da sua vida, a própria imagem da inteireza moral e da coragem física. No fundo, um vulgar caso de cobardia perante o sofrimento alheio. Ou deverei dizer, simplesmente, egoísmo? Ainda vou continuar por cá algum tempo, até que chegue a minha vez de saber quantos dos meus amigos de hoje desertarão por os seus corações, tão sensíveis quanto o meu, não poderem suportar ver-me num estado que... Etc., etc., etc. ...

Quando há catorze anos organizei uma antologia dos poemas do Armindo Rodrigues, a que dei o título algo insólito de *O Poeta Perguntador*, coloquei no final, como teria feito se de livro meu

se tratasse, a «Elegia por antecipação à minha morte tranquila».
Aqui a deixo hoje, com um voto que já não servirá para nada: que
o amigo que eu abandonei tenha podido morrer como desejou:

> *Vem, morte, quando vieres.*
> *Onde as leis são vis, ou tontas,*
> *não és tu que me amedrontas.*
> *Troquei por penas prazeres.*
> *Troquei por confiança afrontas.*
> *Tenho sempre as contas prontas.*
> *Vem, morte, quando quiseres.*

7 de agosto

Parabéns de Jorge Amado e Zélia pelos prémios. Que outros
virão, ainda maiores, acrescentam, aludindo ao que consta ter
sido dito por Torrente Ballester — que um destes dias me chega aí
um telefonema de Estocolmo... Se esta gente acredita realmente
no que diz, por que tenho eu tanta dificuldade em acreditar? Alguma vez se viu, um Nobel depois de outro Nobel? Viver com
Pilar e telefonarem-me de Estocolmo? Será o impossível possível?

8 de agosto

O correio trouxe-me há dias as *Atas del Congreso Internacional
«Antonio Machado hacia Europa»*, que em fevereiro de 1990 se
realizou em Turim e de que foram diretor-geral e secretário-geral,
respetivamente, Pablo Luis Avila e Giancarlo Depretis. Lembro-
-me de ter discutido acesamente com eles o mote do congresso

— «Antonio Machado hacia Europa» —, que me parecia uma cedência mais à pouco feliz moda de então, que era relacionar tudo com Europa. Convidado a participar, levei comigo um pequeno texto — «Acerca de um "apunte" de Juan de Mairena» —, mais glosa que comunicação, que, pela sua extensão, teria, ao menos, a vantagem de ocupar por pouco tempo a fatigada atenção dos congressistas. Pois não foi assim. Acontecera que, por esses dias, tinha rebentado em Espanha o escândalo do irmão de Alfonso Guerra, e o diabo do meu papel parecia feito de propósito para atiçar a fogueira, como de encomenda. Os jornais espanhóis deram notícia do que, noutras circunstâncias, passaria *sin pena ni gloria*, e eu tive mesmo de dar entrevistas, nas quais me atrevi a afirmar que Antonio Machado, se fosse vivo, teria condenado o procedimento dos irmãos Guerra, como facilmente se concluía do *apunte* que eu glosava. Três anos passaram, Juan Guerra está a ser julgado, a corrupção política em Espanha tornou-se numa questão nacional — e eu não resisto à tentação de copiar para aqui essas páginas que escrevi. O texto abria com uma citação de Juan de Mairena, que era, evidentemente, o melhor da história. Quanto ao que me pertence, só digo que não retiro nem uma vírgula aos comentários que fiz. Segue a transcrição:

«(Sobre la política y la juventud.)

»La política, senores — sigue hablando Mairena —, es una actividad importantisima... Yo no os aconsejaré nunca el apoliticismo, sino, en último término, el desdeño de la política mala, que hacen trepadores o cucañistas, sin otro propósito que el de obter ganancia y colocar parientes. Vosotros debéis hacer política, aunque otra cosa os digan los que pretenden hacerla sin vosotros, y, naturalmente, contra vosotros. Sólo me atrevo a aconsejaros que la hagáis a cara descubierta; en el peor caso con máscara política, sin disfraz de otra cosa; por ejemplo: de literatura, de filosofia, de religión.

Porque de otro modo contribuiréis a degradar atividades tan excelentes, por lo menos, como la política, y a enturbiar la política de tal suerte que ya no pudamos nunca entendernos.

»Y a quien os eche en cara vuestros pocos años bien podéis responderle que la política no ha de ser, necesariamente, cosa de viejos. Hay movimientos políticos que tienen su punto de arranque en justificada rebelión de menores contra la inepcia de los sedicientes padres de la patria. Esta política, vista desde el barullo juvenil, puede parecer demasiado revolucionaria, siendo, en el fondo, perfectamente conservadora. Hasta las madres — hay algo más conservador que una madre? — pudieran aconsejarle con estas o parecidas palabras: "Toma el volante, niño, porque estoy viendo que tu papá nos vá a estrellar a todos — de una vez — en la cuneta del camino".

»A citação foi longa, mas toda necessária. Quando Antonio Machado isto escreveu, em um qualquer daqueles remotos anos de 1934 a 1936, tinha, das suas próprias idades de homem, bastante experiência vivida e aprendida para falar de novos e de velhos com o misto de ceticismo e de ilusão que podemos reconhecer nesta página atualíssima de Juan de Mairena. Sessenta anos chegam para começar a entender certos mecanismos do mundo, mesmo quando se viva fora das suas vantagens e servidões, como é regra geral entre os poetas, e o foi neste em particular. Considerem-se, por outro lado, as circunstâncias da vida pública da Espanha de então — crise económica, conflito institucional, instabilidade política, agitação social —, e acharemos definido o quadro ideológico propício àquelas manifestações de enfado e desencanto que se diz serem características da velhice, mas que, não raro, exprimem muito mais a profunda mágoa, civicamente experimentada, de ter de assistir ao derruir, já não direi dos sonhos ideais, mas das simples esperanças duma vida justa.

94

No horizonte de Espanha perfilava-se o espetro da guerra civil, a Europa e o Mundo contavam as armas e os homens.

»Apesar de tudo, Juan de Mairena ainda quer apresentar-se como confiante aos nossos olhos. Divide salomonicamente a política em boa e má, e, tendo condenado com severidade os políticos da política má, que são, no seu juízo, e não por coincidência, os velhos, apela aos jovens para que se decidam eles a fazer a política boa, aquela que definitivamente irá ser, supõe-se, portadora da salvação da pátria e da felicidade dos cidadãos. É verdade que, sendo Juan de Mairena um irónico, é de bom conselho lê-lo sempre duas vezes, não tanto para descobrir nas suas palavras segundos e terceiros sentidos, mas para destrinçar as subtilezas do tom, entender as mudanças do registo estilístico, seguir o desenho eloquente do sorriso. É que, de súbito, a leitura de um texto como este provoca uma vontade irresistível de perguntar-nos se Juan de Mairena acredita, de facto, no que acabou de escrever. Não me refiro, claro está, ao sarcasmo desdenhoso com que trata os oportunistas — esses *trepadores o cucañistas* para quem o exercício político não passa de um meio de ganhar dinheiro e colocar parentes, a pretexto de serviço público —, mas é duvidoso que Mairena não tivesse presente, ao refletir nestas questões, a própria vida do seu criador Antonio Machado, que, quando jovem, sem dúvida haveria esperado do mundo bem mais e bem melhor do que aquilo que o mesmo mundo, com a indomável força dos factos, agora lhe estava impondo. Trinta anos depois, seria a vez de os jovens de 68, de um modo aparentemente revolucionário, se negarem a aceitar e repetir os caminhos que lhes tinham sido preparados pelos pais — esses mesmos (falo de gerações, não de países ou de povos) de quem Juan de Mairena, neste seu *apunte*, parecia esperar tantas e tão diferentes ações. Hoje, e não creio que haja exageração criticista neste juízo, pais e filhos de todo o mundo, unidos, estão finalmente de acordo sobre os objetivos úteis da política, no plano dos aproveitamentos pessoais que ela sempre facilitou, mas que atualmente exalta: *obter ganancia y colocar parientes.*

»Embora de comportamento cético, desenganado por cinismo indulgente, filósofo de costela talvez estoica (porém, se o sabemos ler, ingénuo e simples de seu natural), Juan de Mairena imaginava ser possível fazer política de cara descoberta, ou, se alguma máscara tivesse o político de usar, que ela fosse, precisamente, a máscara política. Ora, nós sabemos, e surpreende-me que o não soubesse ele então, que ninguém usa nunca a sua própria máscara, e que a política necessita, não apenas de uma máscara, mas de todas, trocando de cara, de figura e de ademanes conforme as necessidades táticas e estratégicas, e chegando mesmo ao ponto, nos casos reconhecidamente geniais, de usar mais que um disfarce ao mesmo tempo, o que, como é óbvio, não significa que se reconheça de igual maneira em cada um deles. A mais elementar lição da História aí está para dizer-nos que a máscara foi religiosa mil vezes, que em alguns casos se adornou com visagens filosóficas, e nestes modernos tempos nossos já se vai tornando escandaloso ver com que frequência a política se aproveita da literatura. E nem é preciso falar do espetáculo da comunicação de massas: que indignadas e sarcásticas páginas escreveria hoje Juan de Mairena se pudesse ver como é utilizado, na maior parte dos casos, esse poderoso meio de informação e cultura que é, ou deveria ser, em princípio, a televisão.

»Espero que não se veja nestas reflexões, de explícita tinta pessimista, o dissolvente propósito de persuadir a juventude a virar costas à política. Não perfilho a filosofia de vida de um Ricardo Reis, o heterónimo de Fernando Pessoa a quem me atrevi a dar uma vida suplementar e que um dia escreveu: "Sábio é o que se contenta com o espetáculo do mundo." Bem pelo contrário. O que eu desejaria, sim, era que esses esperançosos jovens viessem a praticar, chegando a velhos, uma política tão boa como a que Juan de Mairena parece disposto a esperar deles a partir do momento em que, ainda novíssimos, e tendo afastado do volante o pai senil e irresponsável, nos conduzissem no direito rumo pela estrada, levando com eles a nossa gratidão infinita e o justificado orgulho de todas as mães do mundo. Ora, também neste ponto parece ter-se enganado Juan de Mairena: os jovens, hoje, conduzem os seus próprios carros, geralmente em direção aos seus próprios e mesmos desastres.

»*Sin embargo...*

»*No toméis, sin embargo, al pie de la letra lo que os digo. En general, los viejos sabemos, por viejos, muchas cosas que vosotros, por jóvenes, ignoráis. Y algunas dellas — todo hay que decirlo — os convendría no aprenderlas nunca. Otras, sin embargo, etc., etcétera.*

»Afinal, Juan de Mairena não guardava extremas ilusões sobre o aproveitamento que os seus alunos eram capazes de extrair das lições de Retórica e Poética que lhes ia propinando. Este outro *apunte*, com o seu irónico remate — etc., etcétera —, repõe no seu lugar aquela saudável dose de ceticismo que consiste em esperar que cumpra cada um com o seu dever — ontem, hoje, amanhã, na juventude e na velhice, até ao fim —, para então, feitas as contas, termos uma ideia mais ou menos clara do que somos e do que andámos a fazer. Em verdade, há razões para pensar que Juan de Mairena, ao contrário do que de si mesmo disse, ou Antonio Machado disse por ele, foi o menos apócrifo dos professores...»

10 de agosto

A entrevista do *Expresso* saiu equilibrada, mas o mérito deve-se a Clara, que foi capaz de organizar aquelas dispersas e mal alinhavadas ideias que eu, penosamente, fui espremendo da cabeça e vertendo para o gravador, num dia que tinha nascido, todo ele, para o silêncio. Assim são as coisas: agora releio estas frases, reconheço-as minhas, encontro apropriadamente formulados pensamentos que são meus, e tudo me parece, afinal, bastante razoado e razoável. Donde concluo que, nestas alturas, estamos, em grande parte, nas mãos do jornalista. Queira ele, por profissionalmente mau, ou humanamente de mau caráter, deixar em situação lastimável o seu entrevistado, e poderá consegui-lo pela simples e escrupulosa observação daquilo que é, por outro lado, mais do que dever elementar, a própria condição da sua profissão, deontologicamente falando: o respeito da fidelidade... Como dizia eu, assim são as coisas. Assim vão, digo agora, as contradições deste mundo...

11 de agosto

Temos um cão em casa, vindo não se sabe donde. Apareceu assim, sem mais, como se andasse à procura de donos e finalmente os tivesse encontrado. Não tem maneiras de vadio, é novinho e nota-se que foi bem ensinado lá onde viveu antes. Assomou à porta da cozinha quando almoçávamos, sem entrar, olhando apenas. Luís disse: «Está ali um cão.» Movia levemente a cabeça a um lado e a outro, como só sabem fazê-lo os cães: um verdadeiro tratado de sedução disfarçada de humildade. Não sou entendido em bichos caninos, sobretudo se pertencem a raças menos comuns, mas este tem todo o ar de ser cruzamento de cão-d'água e *fox-terrier*. Se não aparecer por aí o legítimo dono (outra hipótese é que o animal tenha sido abandonado, como acontece tantas vezes neste tempo de férias), vamos ter de levá-lo ao veterinário para que o examine, vacine e classifique. E há que dar-lhe um nome: já sugeri *Pepe,* que, como se sabe, é diminutivo espanhol de José... Amanhã será lavado e espulgado. Ladra baixinho, por enquanto, como quem não quer incomodar, mas parece ter ideias claras quanto às suas intenções: a minha casa é esta, daqui não saio.

13 de agosto

Continuo a trabalhar no *Ensaio sobre a Cegueira*. Após um princípio hesitante, sem norte nem estilo, à procura das palavras como o pior dos aprendizes, as coisas parecem querer melhorar. Como aconteceu em todos os meus romances anteriores, de cada vez que pego neste, tenho de voltar à primeira linha, releio e emendo, emendo e releio, com uma exigência intratável que se modera na continuação. É por isto que o primeiro capítulo de um livro é sempre aquele que me ocupa mais tempo. Enquanto essas poucas páginas iniciais não me satisfizerem, sou incapaz de continuar. Tomo como um bom sinal a repetição desta cisma. Ah, se as pessoas soubessem o trabalho que me deu a página de abertura do *Ricardo Reis*, o primeiro parágrafo do *Memorial*, quanto eu tive de penar por causa do que veio a tornar-se em segundo capítulo da *História do Cerco*, antes de perceber que teria de principiar com um diálogo entre o Raimundo Silva e o historiador... E um outro segundo capítulo, o do *Evangelho*, aquela noite que ainda tinha muito para durar, aquela candeia, aquela frincha da porta...

15 de agosto

Decidi que não haverá nomes próprios no *Ensaio*, ninguém se chamará António ou Maria, Laura ou Francisco, Joaquim ou Joaquina. Estou consciente da enorme dificuldade que será conduzir uma narração sem a habitual, e até certo ponto inevitável, muleta dos nomes, mas justamente o que não quero é ter de levar pela mão essas sombras a que chamamos personagens, inventar-lhes vidas e preparar-lhes destinos. Prefiro, desta vez, que o livro seja povoado por sombras de sombras, que o leitor não saiba nunca de *quem* se trata, que quando *alguém* lhe apareça na narrativa se pergunte se é a primeira vez que tal sucede, se o cego da página cem será ou não o mesmo da página cinquenta, enfim, que entre, *de facto*, no mundo dos outros, esses a quem não conhecemos, nós todos.

16 de agosto

Tinha eu uns dezasseis ou dezassete anos quando verifiquei haver na minha cara (tirando todo o resto a que já me habituara) algo que irremediavelmente não quadrava com um certo padrão de perfeição masculina (não digo beleza, digo perfeição) que então me parecia encarnar-se num ator de cinema, o Ronald Colman, norte-americano (ou seria inglês?). Há que ter em conta que isto se passava aí pelos finais dos anos 30, na pré-história desta humanidade moderna, científica e desenvolvida que hoje somos,

100

quando os velhos andam a imitar os novos, e os novos a si mesmos. Nesse tempo, a coisa mais normal do mundo era que um adolescente, olhando-se ao espelho, entristecesse por se ver diferente de um homem maduro, e muito longe de alguma vez vir a parecer-se com ele. A Ronald Colman, por exemplo, descaíam-lhe um tanto as pálpebras, o que lhe dava à cara uma interessante expressão de cansaço, talvez do último duelo à espada, da última noite de amor, ou da vida em geral... As minhas pálpebras, pelo contrário, colavam-se estupidamente aos globos oculares, e, por mais que eu as puxasse e repuxasse, tornavam sempre ao mesmo sítio, deixando-me com um ar de ser inacabado, surpreendido de existir, ainda à espera dos primeiros safanões da vida para começar a ganhar algum sentido de homem. De tudo isto me lembrei ontem, ao serão, enquanto via Ronald Colman a interpretar, com pouco talento e nenhum espírito, o papel de François Villon no filme *Se Eu Fora Rei*, de Frank Lloyd. Com os meus débeis olhos o vi, e as minhas pálpebras descaídas...

17 de agosto

De cães, entender, nada. Nem cão-d'água nem *fox-terrier*. *Pepe* é caniche, arraçado de não sei quê, e nesta incógnita mora ainda a minha derradeira esperança de acertar no que, com toda a propriedade, se poderia chamar aproximação, isto é, que um dos seus antepassados tenha cedido à tentação do desvio genético que explicaria as malhas pretas que tem no pelo, quando se sabe que os caniches puros têm o pelo de cor uniforme, branco, castanho ou preto. E o *Pepe* já não está na sua primeira juventude, tem quatro anos. A saúde, boa, veterinário *dixit*. Quanto à idade, acho que se engana. Um ano terá.

18 de agosto

Para o *ABC Cultural* escrevi, sobre Sarajevo, estas linhas que me foram pedidas:

«Paul Valéry disse, um dia: "Nós, civilizações, sabemos agora que somos mortais." Importa pouco, para o caso, averiguar qual fosse o *agora* de Valéry: talvez a Primeira Guerra Mundial, talvez a Segunda. Do que ninguém tem dúvida é que a civilização que temos sido, não só era mortal como está morta. E não só está morta, como decidiu, nos seus últimos dias, demonstrar até que ponto foi inútil. A proclamação dessa inutilidade está a ser feita em Sarajevo (e em quantos Sarajevos mais?) perante a cobardia da Europa política, perante, também, o egoísmo dos povos da Europa, perante o silêncio (ressalvadas fiquem as exceções) daqueles que fazem do pensar ofício e ganha-pão. A Europa política ensinou aos povos da Europa o refinamento do egoísmo. Compete aos intelectuais europeus, regressando à rua, ao protesto e à ação, escrever ainda uma última linha honrada no epitáfio desta civilização. Deste imenso Sarajevo que somos.»

19 de agosto

Em trinta anos que já levo de escritura (são exatamente trinta se os conto a partir da altura em que, sem suspeitar aonde isso me levaria, comecei a escrever *Os Poemas Possíveis*) nunca me tinha sucedido trabalhar em mais de um livro ao mesmo tempo. Para mim, era como lei sacrossanta que, enquanto não chegasse ao fim de um livro, não poderia nem deveria principiar o seguinte. Ora, eis que, de um momento para outro, talvez porque, em Lanzarote, cada novo dia me aparece como um imenso espaço em branco e o tempo como um caminho que por ele vai discorrendo lentamente, passo com toda a facilidade destes *Cadernos*, também destinados a serem livro, ao *Ensaio sobre a Cegueira*, e deste ao *Livro das Tentações*, embora, no último caso, se trate mais de registar, por enquanto sem grande preocupação de sucessão cronológica (porém, com um irresistível frenesim), casos e situações que, postos em movimento por uma potência memorizadora que me assombra por inesperada, se precipitam para mim como se irrompessem de um quarto escuro e fechado onde, antes, não tivessem podido reconhecer-se uns aos outros como passado de uma mesma pessoa, esta, e agora se descobrem, cada um deles, condição de outro, e, todos eles, de mim. E o mais assombroso é a nitidez com que, letra a letra, se estão reconstituindo na minha cabeça as palavras e os rostos, as paisagens e os ambientes, os nomes e os sons desse tempo longínquo que foi o da minha infância, da minha meninice, até à puberdade. Fosse eu supersticioso, e começaria a duvidar se uma tão súbita e radical mudança de uns procedimentos que pareciam irremovíveis, não seria, simplesmente, a naturalíssima consequência de um medo até agora mais ou menos inconsciente: o de já não ter tempo para escrever todos estes livros, um por um, sem pressas, como quem ainda tem por diante a vida toda.

20 de agosto

Uma hipótese: talvez esta necessidade imperiosa de organizar uma lembrança coerente do meu passado, dessa sempre, feliz ou infeliz, única infância, quando a esperança ainda estava intacta, ou, ao menos, a possibilidade de vir a tê-la, se tenha constituído, sem que eu o pensasse, como uma resposta vital para contrapor ao mundo medonho que estou a caminho de imaginar e descrever no *Ensaio sobre a Cegueira.*

22 de agosto

Começo a compreender melhor a relação que a gente nova tem com os jogos de computador, e como é fácil ficar prisioneiro do teclado e do que vai acontecendo no ecrã. Nos últimos dois dias, pouco atraído pelo *Ensaio,* cheio de espinhos, que ainda vai no primeiro capítulo, dediquei-me a investigar um pouco mais uma máquina (chamo máquina ao computador...) que até agora só me tinha servido para escrever. E assim foi que me encontrei com os jogos incluídos no programa que nela foi instalado. Um deles exige muito da perspicácia e da paciência do jogador, que tem de escapar (se puder) de um campo de minas. O outro é o arquiconhecido *solitaire.* O campo de minas pede tempo e reflexão, não é coisa para rambos aventureiros. Ficou para outra ocasião. Mergulhei no solitário como quem regressa ao passado, pois há muitos anos já que o não jogava. Aqui acabaram-se as cartas, não podemos baralhá-las, distribuí-las, gozar esteticamente com a sua ordenação em cores e valores. O computador não tem mãos, manipula não sei o quê nem como, é velocíssimo, em menos de um segundo escolhe e apresenta as cartas. Com o esperto e ágil «rato», vou retirando do baralho, ao alto, à esquerda, as figuras de cartas que podem entrar, trocando as posições, e, como no antigo jogo, alterno os valores e as cores (neste meu computador tudo se passa entre o branco e o preto). Então, mais ainda que com as reais e efetivas cartas, o computador apodera-se do jogador, desafia-o, e quando o vence nunca se esquece de perguntar-lhe se quer continuar. A sua rapidez de execução provoca e estimula a nossa própria rapidez. Mas o mais divertido de tudo, e isso, sim, fez de mim uma criança deslumbrada, é quando se completa o solitário, reunidas as cartas conforme os naipes em quatro «montinhos». Enquanto jogamos, o computador vai-nos atribuindo uma certa cotação (oscilante no decorrer do jogo) em pontos e contando o tempo que gastamos, e no fim, se completámos o solitário, dá-nos um «bónus», representado por uma quantidade variável de cartas, que no meu caso, por quatro vezes, ultrapassaram os dois milhares. Tendo como ponto de partida, sucessivamente, todas as cartas do baralho, elas irrompem em arcos, às vezes de dois tramos apenas, às vezes de três, mas também de cinco, seis, sete, oito, de vão que se torna cada vez mais estreito, tal como sobre a água salta a pedra que contra ela foi atirada num ângulo quase raso. Confesso que, quando me enfrento com este novo *solitaire*, já não penso tanto na satisfação de concluir o jogo, mas na expectativa daqueles saltos magníficos que, desenhando arcos contínuos, se vão sobrepondo uns aos outros. E se luto para obter mais pontos em menos tempo, não é por causa de um resultado meramente aritmético, mas para gozar uma vez mais do espetáculo daqueles soberbos voos, daquelas fugazes arquiteturas. Quando tudo acaba e o ecrã escurece, sente-se uma certa tristeza.

23 de agosto

Mais duas cartas de leitores (poderei assim chamar-lhes?) que me intimam a salvar a alma antes que seja tarde. Um deles vai ao ponto de aconselhar-me leituras espirituais: San Juan de la Cruz e Santa Teresa de Jesus — que foram escritores, santos e acreditaram em Deus. Se Pilar fosse francesa, deduz-se da carta que o conselho seria ler um santo escritor francês, não imagino quem. O outro epistológrafo é mais patriota: conjura-me a que tome rápido conhecimento de um desses vários opúsculos com que, à custa do *Evangelho*, alguns cidadãos portugueses têm exercitado os seus apetites escriturais e a sua sabedoria teológica. Já não sei qual remata a carta dizendo que rezará por mim. Obrigado.

25 de agosto

Outro leitor me escreve, e este merece o título. Conta-me que viveu na China cinco anos e que, desde há um ano, estuda numa universidade norte-americana para doutorar-se em Química. Declara-se grande admirador de Proust e pergunta-me se, tal como fez o autor do *Temps Perdu*, deve utilizar a sua vida, rica de experiências, palavras suas, para escrever, pois ser escritor é o seu sonho. Digo-lhe que tenho sérias dúvidas de que *À la Recherche du Temps Perdu* seja um livro autobiográfico, e, se o tivesse querido ser, concluiríamos que o autor não tinha ido além da intenção... O facto de Proust escrever sobre o meio familiar e social em que viveu, o facto de introduzir no livro o que parecem ser episódios da sua vida, mais ou menos transpostos, mas sobretudo reelaborados pela memória, não retira um átomo à evidência do caráter ficcional e ficcionante da narrativa. Proust, sendo o escritor que era, nunca se satisfaria com o que se encontra mais à mão, isso que levou o Alexandre O'Neill a recomendar-nos que não contássemos «a vidinha»... Proust não escreveu uma autobiografia, só foi à procura do tempo perdido, não com o fito de deixar lembrança de uma vida, mas para deixar constância de um tempo retido por uma memória.

Proust não está interessado nos factos, mas na memória deles.

Este mesmo leitor confessa-me que, por causa de uma grave depressão, chegou a tentar o suicídio, mas que hoje ama profundamente a vida. Respondi-lhe que não sei se a vida merece que a amem profundamente, que acredito mais que é o amor por nós próprios que nos faz amá-la, principalmente se uma outra vida (alguém a quem amemos e que nos ame) nos for ajudando a encontrar para a existência um sentido suficiente.

27 de agosto

O último número de um jornal de católicos progressistas, palavra esta que, nos tempos que correm, é mais ou menos sinónima de marginais, chamado *Fraternizar*, publica a carta de um pároco que pede sigilo sobre o seu nome e assina, simplesmente, Sacerdote em Portugal. O motivo é, e parece ser que não acabará tão cedo, o *Evangelho*. Este padre assistiu à entrevista que dei à Margarida Marante, achou que o entrevistado mostrara «clareza de ideias e delicadeza no modo de falar», que «denotava cultura e compreensão do mistério de Deus e do homem» — e foi ler o livro. E, tendo lido, escreveu a carta. Depois de produzir alguns comentários pertinentes (apesar de serem elogiosos...), diz que «Saramago não é herege, somente ousou dar voz aos sem voz, aos temerosos da inquisição moderna, aos medrosos dos "castigos" de Deus». E diz mais: «Ele [o autor] supõe — e nisto é riquíssimo — a visão dos não crentes sobre a Igreja, vista por dentro, mas desde fora. Ele é valioso porque traduz o pensamento dos que estão fora sobre o que é a Igreja. É a voz das pessoas que se sentem "feridas" pelo comportamento de muitos membros da Igreja e também a condenação do comportamento da mesma, no sentido de sacrificar as pessoas às estruturas.» A carta termina: «É a visão do mundo diante dos mistérios da Fé... Quem sabe se um SOS (da própria dimensão subconsciente do autor que se nega a viver sem Deus, mas que não o consegue encontrar...) para a Igreja despertar à novidade e originalidade do pensamento que não ofende, mas pretende um pouco mais de respeitosa liberdade??!!»

Palavras, para quê? É um sacerdote em Portugal...

28 de agosto

Na parte da casa a que chamamos galeria temos uma planta grande a que nasceram agora duas novas folhas. Não sei como se chama (e terei de averiguá-lo), se dá flor (suspeito que pertence à classe das criptogâmicas). O seu caráter ornamental vem-lhe precisamente das folhas, que são enormes, espalmadas, profundamente recortadas e com orifícios redondos, em geral elipsoides, no pouco que lhes resta de tecido contínuo. Nunca tinha pensado em como nasceriam, mas, se alguém mo tivesse perguntado antes, responderia que da raiz, primeiro lisas e inteiras, e, com a idade, tomando o aspeto que finalmente apresentam. Ora, não é assim. Nascem, claro está, da raiz, mas não separadamente das outras folhas. Cada folha nova desenvolve-se ao abrigo da cavidade que percorre, como um berço, todo o caule duma folha adulta, e, após um processo lento e contínuo de desenrolamento, que me fez lembrar a eclosão e a saída da borboleta de dentro do invólucro da crisálida, aparece aos nossos olhos inteiramente formada, apenas um tanto mais pequena que a sua «ama de leite» e distinguindo-se do verde--escuro dela por um verde tenríssimo, quase translúcido. Evidentemente, qualquer jardineiro conhece estas banalidades, qualquer botânico as explicaria melhor, mas eu acabei de o saber — e portanto escrevo a minha carta de achamento.

29 de agosto

Pergunto-me se sonho. Desde há talvez um ano que uma senhora que vive na Suíça e diz ser editora duma revista científica andava a querer visitar-me em Lisboa, a pretexto do interesse que lhe merecia o meu trabalho. A ela e a um seu companheiro, físico de profissão. Por duas ou três vezes chegou a estar aprazado o encontro, mas sempre, por uma razão ou outra, acabou por ficar sem efeito. Apareceram hoje, enfim, aqui, em Lanzarote. Convidámo-los para almoçar, e logo de entrada ficámos a saber que não comiam carne de porco nem nada em que houvesse, misturados como fosse, carne e leite. Eram judeus. Verdadeiramente não sabíamos ao que vinham, que é que os tinha levado a fazer uma viagem destas, mas após o exórdio de uma discussão, que eu pretendi levar em tom de humor, sobre as presumíveis culpas dos suínos, as reais e as simbólicas, percebi que o tema central — oh, céus! — ia ser Deus. Durante mais de três horas, primeiro à mesa (levando o prato principal um pouco de carne de porco, foi preciso preparar-lhes à pressa uma massa *al pesto*), depois durante o café, sob o olhar consternado de Pilar, tive de dar com eles a volta ao universo e ao seu criador, terminando, vingativamente, por fazê-los estatelar no mundo e nas suas misérias, sem esquecer os palestinos. Dizem que os judeus amam a discussão pela discussão, e hoje sei que é assim: estas duas pessoas fizeram esta viagem e esta despesa (milhares de quilómetros, hotel, carro alugado), só para saberem (ele mais do que ela) o que eu penso de alguns assuntos, como se tal valesse a pena, e dispenso-me de jurar que não vale... Não saberia resumir o debate. Se o caos pode tornar-se mais caótico ainda, este o foi e nisso se tornou. Ele falou um inglês nada claro, eu o português que sei, ela traduziu graças ao pouco que pôde aprender em Coimbra, há anos, num curso para estrangeiros. Se algum de nós chegou a perceber alguma coisa do pensamento de algum dos outros, então Deus fez um milagre. Quando se foram embora, estava exausto. Pilar, fresca como uma rosa, e, no fundo, saudavelmente divertida com tudo quanto se passara, disse-me: «Por que não te vais deitar?» Fui direito à cama e dormi duas horas. Terei sonhado?

30 de agosto

Terminado o primeiro capítulo do *Ensaio*. Um mês para escrever quinze páginas... Mas Pilar, leitora emérita, diz que não me saí mal da empresa.

31 de agosto

Pál Ferenc, que ensina literatura portuguesa na Universidade de Budapeste, anuncia-me a publicação recente de *O Ano da Morte de Ricardo Reis* na Hungria. Elogia, ainda que com algumas reticências, a tradução de Ervin Székely e recorda que no «passado ano académico» (o último?) a minha visão da história portuguesa «teve um sucesso». Acrescenta, e isto é o mais importante, que «neste momento húngaro nós poderíamos aprender muito com o seu ideário e as suas obras e é por isso, além do valor artístico, que cada vez mais aprecio os seus romances». Gosto de o saber, mas dá-me vontade de dizer que seria mais

110

proveitoso que estes moços se dirigissem a Deus em vez de rezarem no pequeno altar deste santo, ou, por outras palavras, lessem diretamente certos historiadores — os dos *Annales*, os da *Nouvelle Histoire*, o nosso José Mattoso — em lugar de gastarem o seu tempo a desenredar a história que se encontre nos meus romances. Mas certamente haverá para o gosto deles uma razão: talvez porque dos historiadores só se espera que façam história, e eles, de uma maneira ou outra, sem surpresa, sempre a fazem, ao passo que o romancista, de quem se conta que não faça mais que a sua ficçãozinha de cada dia, acaba por surpreender, e pelos vistos muito, se guiou essa ficção pelos caminhos da história como se leva uma pequena lanterna de mão que vai iluminando os cantos e os recantos do tempo com simpatia indulgente e irónica compaixão.

1 de setembro

Jantámos em Puerto del Carmen com Margot e Yechezkel, que assim se chamam os nossos visitantes. Continuo sem perceber o porquê desta viagem. Yechezkel parece ter decidido que eu sou uma autoridade em temas bíblicos, e faz-me perguntas inimagináveis. Eu mantenho-me dentro dos limites da chamada cultura geral. O cherne de Los Marineros não merecia esta conversa, se não é antes verdade que a conversa é que não mereceu o cherne. Em certa altura, cheguei a insinuar-lhes que o que os judeus são, afinal, é ateus. Depois, tendo pensado melhor, auxiliadas as faculdades cerebrais pelo calor da discussão e pelos vapores do vinho branco *El Grifo*, cheguei a uma conclusão, ousada e, porventura, definitiva: a de que os judeus puseram a história do povo judeu no lugar de um Deus que não esperam vir a conhecer, e vivem contentes assim, tanto nos triunfos como nas desgraças, sem medos de inferno nem anseios de paraíso.

3 de setembro

Em Lisboa. De manhã na RDP para gravar um diálogo com o Vasco Graça Moura. O título do programa tem espírito, é bem achado: «Verdades e outras invenções». A ideia da entrevistadora, Cristina Ferreira, é simples e estimulante. Consiste em colocar frente a frente dois convidados que se presume terem opiniões diferentes, e quanto mais discordantes melhor, sobre questões relacionadas com as suas (também presumivelmente comuns) atividades. Neste caso, e ao contrário do que eu esperava, falou-se pouco de literatura, mas, conforme ao que previa, muitíssimo de política e das posturas ideológicas de cada um de nós. Vieram à baila o comunismo, a social-democracia, o mundo e o seu governo, o país e quem o governa. Outra vez o Lara, outra vez o *Diário de Notícias*, e também, já que estávamos com as mãos na massa, os edis de Mafra, enfim, os lugares seletos destes últimos meses. Mas algo de novo, inesperado e assombroso aconteceu: Vasco Graça Moura é de opinião que, bem vistas as coisas, eu acabei por obter benefícios (materiais, claro está, dinheiro, livros vendidos) por virtude do procedimento do Governo no caso do Prémio Literário Europeu. Fiquei estupefacto e consternado, mas, ainda assim, consegui manifestar o meu protesto em termos moderados. Desgraçadamente, o absurdo não ficou por aqui. A atitude do Vasco Graça Moura caiu de chapuz no escândalo quando afirmou, palavra por palavra e com toda a convicção, que também o Salman Rushdie veio a ser beneficiado com a condenação à morte: viu aumentadas as tiragens dos *Versículos Satânicos*, tornou-se conhecido em todo o mundo... Não consigo entender. Graça Moura é um homem inteligente, culto, educado, mamou (como disse um autor que ele conhece melhor do que eu) do leite da bondade humana, e, apesar de tantos dotes naturais e tantos agraciamentos da cultura, é capaz de produzir, com o ar mais natural da vida, uma enormidade destas?

4 de setembro

Às vezes, entra-me a vontade de içar a bandeira branca, subir às ameias e dizer: «Rendo-me.» Não que eu me veja como uma fortaleza, bem pelo contrário, mas sei, como se ela fosse ou nela estivesse, que me andam cercando dois cercos: um, já se sabe, é o dos ódios, invejas e mesquinhices que vou aguentando; o outro, que se vai sabendo, é o dos afetos de muitos que me leem, e esse é o que me derrota. Se este tempo da minha vida tivesse de levar um título, bem poderia ser o do filme de Pedro Almodóvar: «Que fiz eu para merecer isto?» Dir-me-ão os mais simpáticos: «Bom, alguma coisa fizeste...» Mas isso, uns quantos livros, valerá tanto que mereça a quadra que me foi dedicada por um pastor de ovelhas (seiscentas parece que tem o rebanho) do Alentejo? Esta, lida ontem na Festa do Avante! e que reza assim:

Tem em conta a luz da mente.
Cada um é como é.
E não pode ser toda a gente
Aquilo que cada um é.

E, como se não fosse bastante, como se não transbordasse já, estava eu depois a assinar livros (três horas ininterruptas de dedicatórias...), aproximam-se duas pessoas, marido e mulher, que colocam diante de mim, com o livro que tinham comprado, um caderninho, um corta-papel e uma nota onde um e outro estavam explicados... O livrinho, feito de papel de sacas de cimento, havia sido escrito por Silvino Leitão Fernandes Costa no campo de concentração do Tarrafal e estava dedicado nestes termos: «Ofereço, ao camarada e amigo T., como prova de consideração.» «T.» era a abreviatura de Teixeira, apelido do homem que estava na minha frente, de seu nome completo José de Sousa Teixeira, preso também, como ele, no Tarrafal. Quanto ao corta-papel, fizera-o Hermínio Martins, ex-marinheiro de um dos barcos que se revoltaram em 8 de setembro de 1936. Foi ajudante de serralharia do Bento António Gonçalves e morreu antes do 25 de Abril, num sanatório da metrópole. Pensei que tudo isto estava simplesmente a ser-me mostrado, e, ao devolver o livro assinado, restituí também os objetos. Que não, disseram-me, que eram para mim, como lembrança e prova de amizade... Imagine-se como fiquei eu. Agradeci como pude, rodeado pelas dezenas de pessoas que esperavam a sua vez para me pedirem uma assinatura e, com palavras ou sem elas, dizerem que me querem bem.

O livrinho tem dois títulos e compõe-se de quatro partes. O primeiro título, na capa, é «O que será?...», o segundo título, na folha seguinte, anuncia «Coisas da vida e próprias dos homens». A primeira parte transcrevo-a hoje, as outras nos próximos dias (é o mínimo que posso fazer em sinal de gratidão e para que não se perca — se algum dia estes cadernos vierem a ser publicados — a lembrança de um conflito entre amigos e a sua algo extraordinária resolução). Atualizo a ortografia e a pontuação:

«Os livros são coisas preciosas tanto por aquilo que dizem como pelo esforço de raciocínio necessário para os fazer.

»Depois de feitos, servem de auxílio ao desenvolvimento cerebral do homem.

»Conclui-se, pois, que é nos livros onde nós aprendemos tudo quanto desejamos. Tudo depende daquilo que mais nos interessar.

»São ainda eles que trazem até nós, duma forma concreta e abreviada, toda a experiência vivida pelos nossos antepassados, da qual nos servimos e serviremos sempre para encarar o futuro.

»Quando possuímos um ou mais livros, significa isso que se encontram ao nosso dispor e certamente lê-los-emos tantas vezes quantas quisermos ou necessitarmos para a compreensão do sentido que encerram.

»Entretanto, mesmo àqueles que às vezes lemos, embora o seu conteúdo pouco nos interesse — quer dizer, romances de 4.50 a dúzia, ou coisa semelhante — , alguma coisa nos fica gravada na mente, apesar disso.

»Todos nós sabemos que é verdade tal facto.

»Bem, mas já vai sendo tempo de mudar de "disco".

»O meu objetivo não é falar sobre livros. Nem sequer fazê-los ou ainda discutir.

»Até aqui, simplesmente, pretendo salientar o valor das coisas escritas.

»Porém, para melhor concretização, farei um paralelo entre a escrita e a palavra.

»Supõe que eu percebo de eletricidade a "potes" e estive durante duas horas a falar-te do assunto. De certo não poderias ter apreendido tudo quanto disse. Mas se escrevesse ficaria ao teu alcance o assunto e dar-lhe-ias as voltas que precisasses.

»Agora dirás tu:

»— Mas a que propósito vem isto, não me dizem?

»Depois acrescentarás:

»Sempre há cada maduro!...

»Que mal fiz eu?...

»Calma... o resto vai já a seguir.»

5 de setembro

Segunda parte do livrinho de Silvino Costa:

«Antes de prosseguir, dir-te-ei mais coisas.

»Eu antigamente, e ainda hoje, costumava escrever os factos que se passavam comigo. Simplesmente nunca, que eu me recorde, os dei a ler a segundos. Não porque isso me custasse muito, ou contundisse com a minha maneira de ser. Talvez fosse por comodismo. No entanto, como vais ver já mudei um pouco, embora tenha em muita atenção os casos, etc. ...

»De resto, tu sabes tão bem como eu. Um indivíduo, só, nunca poderá analisar acertadamente o que faz ou escreve. Torna-se necessário, na maioria dos casos, recorrer à crítica. Bem entendido: a outros que estejam à altura de criticar com justiça.

»Ora, sendo assim, eu também desde já fico ao teu dispor para ouvir o que te aprouver acerca destas minhas simples linhas que visam simplesmente narrar um facto passado e ao mesmo tempo criticá-lo.

»Desde já, desejo que não me confundas com algum "gaijo" que tem, ou pretende ter, aspirações à literatice. De resto tu verás.

»É muito natural encontrares erros tanto na construção como na forma de redigir e ainda ortográficos ou de pontuação. Mas isso é fruto da preguiça a que me votei durante alguns tempos. Destes tenho eu pena, mas não lamento. O futuro, depois de analisar o passado, é o que interessa. Agora as literatices detesto-as.

»Além disso, eu elaborei este trabalho muito sozinho e fi-lo ao correr da pena.

»Por outro lado, não suponhas que te vou dar conselhos; não os necessitas.

»Somente farei isto: narrarei um facto e comentá-lo-ei com o que me apraz dizer.

»Ao narrá-lo, não suponhas que o faço ressentido. Não. Dei-me a este trabalho, simplesmente, para te dar a conhecer dum modo franco e claro o mau efeito que produzem certas ações que por vezes praticamos, mas isto todos, e que nos colocam num grau quase comparado ao dos animais irracionais.

»Claro está, tudo isto é natural. Todos somos homens. No entanto, muitas vezes esquecemo-nos de que possuímos raciocínio. E isto é tão notório quanto é certo que o meio em que vivemos é já muito diferente daquele outro lá fora, embora ainda imperfeito.»

Vimos ontem *El Sol de Membrillo* de Victor Erice. Lento, como é lenta toda a criação (Deus foi um caso excecional), o filme é, todo ele, uma reflexão sobre a arte de compor, quer se trate de espaços, de volumes, de tempos, de cores, ou de palavras. A câmara rodeia o modelo (as folhas, os frutos), o pintor (mais o rosto do que as mãos), a ocupação metódica da superfície da tela e do papel. Não conhecia nada de Antonio Lopez, apenas o sabia ar-librista e quase naturalista, o que, para mim, não era precisamente uma recomendação... Mas, vendo-o no seu trabalho, fui-me tomando de um enorme respeito, o que, provavelmente, deverá ser o sentimento mais importante em toda a contemplação. Decidimos, Pilar e eu, que vamos plantar em Lanzarote dois marmeleiros. A um daremos o nome de Antonio Lopez, ao outro o de Victor Erice.

Em Santiago de Compostela para o Congresso do PEN Clube Internacional. Até agora não vi nenhum dos portugueses que o programa menciona: Ana Hatherly, Matilde Rosa Araújo, Casimiro de Brito, Wanda Ramos. Tirando a Matilde, os mesmos de sempre, os «apoderados» do PEN... Camilo José Cela veio à sessão solene de abertura e pôs-se a andar. Torrente ainda não chegou, tal como Sábato. Mas já estivemos com Jorge e Zélia. Ele parece estar no caminho de uma boa recuperação.

Chove em Santiago.

7 de setembro

Terceira parte dos desabafos de Silvino Costa:

«Entrando, finalmente, no assunto.

»Tu estás lembrado, certamente, do caminho que deste à tábua. Queimaste-la, não é verdade?

»— Mas que tem este filho da puta que ver com a tábua?... Era dele?

»Lá vem outro a meter-se na minha vida!

»Oh cabrões! Deixai-me em paz!...

»Isto sou eu que suponho que dirás, no entanto, desculpa o exagero.

»De resto, isto não vai nascer daqui nenhum julgamento. A coisa em si não tem importância, nem eu lha liguei como te poderá parecer.

»No entanto, continua a ler: esse caso passou-se quase se poderia dizer sem eu ter culpa diretamente. Vais ver.

»Para encadernar, ou brochar, necessitei duma tábua, utilizei para isso aquela onde a rapaziada se diverte a jogar o dominó. Mas a certa altura saí; e quando voltei continuei o meu trabalho. Passados instantes, já o mal estava feito, verifiquei que a tábua já não era a mesma. Tinham-ma então trocado, para jogar. Perguntei-lhes: esta tábua é de fulano? Responderam afirmativamente. E eu um pouco aborrecido disse-lhes: bonito serviço, seus cabrões! Agora vai haver discussão por causa disto, e vocês é que são os responsáveis!...

»Passados uns instantes, pensei no caso e vi um remédio, a tábua tem que ser aplainada e depois vai ao polidor e fica nova. Ele nem dará por isso. Descansei com esta solução.

»Porém depois tive que fazer e nunca mais me lembrou. Descansei de facto.

»Passados uns dias — um ou dois —, tu dás com os riscos e se calhar estavas azedo e zás. Tábua para o lume.

»Eu não sabia.

»Ao entrar na barraca é que me puseram ao facto e até dum modo que me chocou.

»Claro, não acreditarás que eu sou tão sentimentalista que até tivesse chorado. Isso não. De resto em mim será mais fácil rebentar.

»Só com um violento ataque de nervos seria fácil soltarem-se-me as lágrimas.

»Mas neste caso, eu comovi-me por ver que a rapaziada me comunicava o caso com tristeza ou então talvez fosse um daqueles momentos em que não há vontade de rir. Mas não! Eles ficaram sentidos momentaneamente.

»Pois bem. Está o facto relatado. Agora vamos ao capítulo das conclusões.

»Eu, não te disse nada naquele momento por ver que estavas um tanto enervado e, além disso, por já ter reconhecido e isto desde o princípio a minha abstração para não ver que a tábua era mais pequena.

»Tentei ensaiar novo processo de solução. Fui ter com um carpinteiro e levei-lhe um papel — que tu devias ter visto — com as dimensões da tábua, mais ou menos; mas o carpinteiro disse-me que sim e até hoje. Isto apesar de eu lhe dar a entender que tinha urgência.

»Tencionava pois dizer-te alguma coisa nessa altura. Mas até hoje não apareceu tal tábua, não quis esperar mais tempo.

»E agora repara, não terias feito melhor se guardasses a tábua? Primeiro, procuravas quem tinha sido o cavalheiro ou o sacana, e depois dizias-lhe: meu caro quero estes riscos tirados e para a outra vez mais respeito por aquilo que é dos outros. Eu então, tinha que te dar razão e ia pô-la como nova.

»Assim não solucionaste nada. Agiste como uma faísca, repentinamente, e a ação é condenável.

»Claro está, o "auto de fé" foi feito à tábua e intimamente não sei se a mim. Porém, como não ardi, foi a tábua que sofreu.

»Eu também já tive esse feitio se bem que dum modo diferente e com muito menos frequência. Mas recordo ainda, que quando fazia casos semelhantes era só em circunstâncias de não poder partir a cara ao causador do meu destrambelhamento de nervos.

»Mas repara, a prisão tem-me modificado alguma coisa nesse aspeto se bem que de vez em quando sinta cá dentro a "besta".

»No entanto, hoje fico chateado quando dou a perceber que estou enervado.

»E porquê?

»Porque sei que os nossos companheiros, isto é, os nossos camaradas, perguntam logo a eles mesmos: "que foi? que aconteceu?" "ele hoje está arreliado?"

»E isto, que poderá parecer bisbliotice não é.

»E tu sabes, tão bem como eu, o que é.

»É uma realidade forçada, sabes.

»E para que, analisa:

»Aqui, no acampamento, encontram-se camaradas presos há 4, 5, 6, 7, 8, 9 anos portanto convivendo uns com os outros e resulta que existe uma familiaridade muito grande entre todos eles. Todos, bem entendido. Naquela parte, que é a maioria, que tem sabido portar-se com dignidade nas horas em que o "Colete" aperta, sabendo unir-se às convicções que possui para com coragem suportar toda a casta de patifarias que certas bestas-feras que por aqui têm passado nos têm infligido.

»Por consequência, é bem claro. Não seremos perfeitos, mas possuímos já algo do que é necessário para mais nos aperfeiçoarmos.

»E agora diz-me: achas razoável, nós que somos jovens e que seremos amanhã os futuros homens, que estejamos a cultivar a neurastenia ou pelo menos a dar-lhe mais largas? Certamente que não!

»Claro, tudo depende da maneira de ser, dir-nos-ão. Mas repara, se não andarmos já com predisposição para os atos repentinos creio que teremos tempos de ponderar.

»Quantas vezes dá vontade de dar largas à bílis, mas por outras razões muito mais justificáveis e homens muito mais durázios que nós se encolhem.

»Olha que não é com o medo. É porque se lembram de que somos camaradas.

»É certo, esta palavra camarada está muito generalizada. Mas nota, e tu sabes bem.

»O seu significado é qualquer coisa mais altivo e digno do que aquilo que certos sapateiros da política dizem ou ainda o que outros imbecilmente possam dizer.

»Por isso, meu caro, a vida e o papel que dentro dela temos que desempenhar, é muito mais importante do que estes pequenos azedumes de que por vezes somos vítimas.

»Não te preocupes com tais ninharias e faz quanto possível para te desviares desses momentos de descontrol, que o tempo de prisão nos ocasiona e em que deixamos de ver os nossos camaradas, para ver neles os homens vulgares, lá de fora, dos quais muito erradamente o Albino Forjaz de Sampaio faz considerações.»

Dança pelo Ballet Galego Rey de Viana. Mistura de folclore e muitos dos tópicos mais cansados da dança clássica. O resultado não é brilhante, e algumas vezes chega a ser deprimente. A culpa não a têm os bailarinos, em geral, tanto quanto posso apreciar, com uma preparação técnica razoável. A culpa tem-na a incoerência do projeto artístico, agravada por uma invenção coreográfica que não vai além do elementar.

Chove em Santiago.

8 de setembro

Quarta e última parte do caderninho de Silvino Costa:

«Agora quase que sou obrigado a pedir-te desculpa, por te reconhecer que já sou muito extenso. É o que sucede a quem pouco conhece sobre redação.

»Cheguei, finalmente, às conclusões, como te havia dito. Estou convencido de que é melhor forma do que se te expressasse verbalmente.

»Tem o objetivo, além de falar de coisas que por todos nós

122

passam, também de te dar a conhecer duma forma honesta e concreta a minha opinião. Acharás justa ou injusta.

»Segundo: serviu-me de exercício de redação. Embora eu não pretenda ser advogado ou coisa semelhante.

»Terceiro: dar-te-á a facilidade de concluíres concretamente o meu propósito e creio que não encontrarás, nele, aspetos destrutivos.

»Encontrarás, carência de bom português, na redação, etc. Porém o assunto não é descabido nem pretensioso.

»E para finalizar, porque já é tempo, acrescentarei que nunca constituirá forma de proceder resolvermos os nossos assuntos, ainda os mais íntimos, pela brutalidade.

»Ninguém, melhor do que nós poderá dar-se conta dos seus delitos e corrigi-los. É uma questão de vontade e de disposição.

»Suponho ter sido claro e, além disso, não usar de formas imperativas que dessem origem a um má interpretação do que me propus fazer.

»E, é tudo.»

É tudo. Dir-se-á que é a história de uma insignificância. Mas haverá, num campo de concentração, insignificâncias?

No jantar oferecido pela Carmen Balcells, e em que estiveram presentes, além de nós, Jorge Amado e Zélia, Nélida Piñon, João Ubaldo Ribeiro e Berenice, Alfredo Conde e Mar, António Olinto e a mulher, e também Pilar Vazquez Cuesta, o Jorge, do outro lado da mesa, quis saber onde estarei por alturas de meados de outubro... Para o bom entendedor, até meia palavra sobra. Mas acreditará o Jorge, de facto, no que queria sugerir? Felizmente, ninguém se apercebeu nem da pergunta nem da resposta, em que fiz o possível por me mostrar desentendido.

Nestas viagens há sempre livros oferecidos pelas chamadas entidades oficiais. Desconfio de que esses livros só existem para isso, para serem oferecidos. A oferta vem normalmente acompanhada pelo cartão de visita do ofertante, com ou sem acrescentamento de palavras amáveis. Já me sucedeu receber livros com dois cartões, talvez três, mas com nove, como hoje, nunca. Este de agora chama-se *Santiago, camiño de Europa*, e deve ser bonito. Está ainda por abrir. Quanto aos cartões, começando do menor para o maior, vieram das seguintes pessoas, a quem, evidentemente, agradeço: Salvador Domato Bua, secretário-geral do arcebispado, Iago Seara Morales, diretor-geral do Património Histórico e Documental, Félix de la Fuente Andres, vice-comissário, Fernando Lopez Alsina, vice-comissário, Serafín Moralejo, comissário-geral, Jaime Terceiro Lomba, presidente do Patronato da Fundación Caja de Madrid, Daniel Barata Quintas, conselheiro de Cultura e Juventude, António Maria Rouco Varela, arcebispo de Santiago de Compostela, e, finalmente, Manuel Fraga Iribarne, presidente da Junta de Galicia... Guardarei para sempre o cartão do arcebispo, que nem imagina em que mãos veio cair o nome da sua sagrada pessoa, com muita coerência impresso em cor violeta...

Chove em Santiago. Chove muito em Santiago.

9 de setembro

O grande acontecimento de hoje foi a chegada de Salman Rushdie, aquele escritor que, na opinião de Graça Moura, tirou vantagens substanciais da sua condenação à morte... Estivemos com ele meia hora, por trás da muralha da segurança. Rushdie pareceu-me um homem simples, sem sinal de sofisticação e vedetismo. Se já o era assim antes que Alá o tivesse fulminado, não sei. Agradeceu-me a carta que lhe escrevi há dois anos, citou passagens dela. Manifestou a sua esperança de que as dificuldades políticas e económicas com que o Irão se debate atualmente contribuam para a anulação da sentença, mas insiste que a pressão da solidariedade internacional continua a ser tão necessária como nos primeiros dias. Sou menos otimista do que ele quanto às probabilidades de um desenlace feliz desta absurda história. Ainda que o governo e as autoridades religiosas do Irão anunciem o cancelamento da «fatwa», Rushdie ficará sempre à mercê de um fanático desejoso de entrar no céu pela porta principal. Sem esquecer que os riscos de um atentado passarão a ser maiores a partir desse dia: despedida a segurança, Salman tornar-se-á mais vulnerável do que qualquer cidadão comum...

Continua a chover em Santiago.

10 de setembro

Contava-se que Rushdie falasse na assembleia do PEN Clube, e assim aconteceu. De improviso, à vontade, como quem nunca teve dúvidas sobre o fundo e as formas da questão. Foi aplaudidíssimo. Os delegados que depois pediram a palavra para perguntas também não deixaram dúvidas quanto à sua solidariedade pessoal e institucional. Mas a ironia trágica veio logo a seguir. Como se a situação de Rushdie não estivesse ali para servir-lhes de lição ou fosse uma mera hipótese académica, os escritores sérvios, bósnios e croatas presentes comportaram-se como inimigos mortais. Manda a verdade dizer, porém, que os provocadores foram os sérvios, quando pretenderam que passasse em silêncio uma proclamação de dois deles (não presentes em Santiago) apelando à morte de milhões de adversários. E depois dizem-me que exagero quando afirmo que o homem não tem remédio...

Colóquio com Torrente. O mano a mano correu como se esperava. Dissemos algumas coisas sérias, e, de caminho, divertimo-nos e divertimos a assistência que enchia o auditório do Hostal de los Reyes Catolicos. Torrente é adorado, mas eu pergunto-me se também o seria no caso de o seu romance *Os Gozos e as Sombras* não ter sido adaptado à televisão...

Chove em Santiago.

11 de setembro

Jantar de encerramento do congresso no Convento de S. Lourenço, onde, segundo os dizeres duma lápide, Carlos V estanciou algumas vezes. Com surpresa minha, tínhamos os nossos lugares na mesa de Fraga Iribarne. Estavam também Torrente e Fernanda, o presidente do PEN Clube Internacional, Ronald Harwood, e a mulher, uma Natacha alta e elegante, russa, mas só de lá ter nascido, e o reitor da Universidade da Corunha, com quem mantive uma longa conversação, tão variada que até meteu ténis... Depois disseram-me que pertence ao Opus Dei... Harwood, quando nos despedíamos, disse-me que Rushdie lhe havia falado do encontro que tive com ele. Curioso. Não pensei que fosse coisa para recordar...

*

Amanhã regressamos a Lisboa. Chove em Santiago. «Choveu» em Santiago do Chile há vinte anos.

13 de setembro

Um tal José Manuel escreveu em *O Dia* de 4 deste mês: «José Saramago divirta-se que a vida são dois dias. Resta-me a esperança de que, quando morrer, morra de vez. O seu cadáver não fará falta nenhuma, exceto às saprófitas da literatura que geralmente só servem para poluir a atmosfera cultural do país.»

Este José Manuel sem apelidos de família, se pudesse, fazia «chover» em Lisboa.

14 de setembro

Amanhã, operação à catarata.

15 de setembro

Operação adiada para novembro. Os enfermeiros do Instituto Gama Pinto, aborrecidos por terem sido obrigados a gozar as férias em agosto, resolveram, com notável unidade democrática, dar baixa por doença. Que os doentes propriamente ditos padeçam por causa destes pobres egoísmos corporativos, é indiferente aos denominados profissionais de enfermagem...

Leio com preocupação a notícia de que estarei em Estrasburgo entre 4 e 8 de novembro para a primeira sessão do Parlamento

Internacional dos Escritores. Vejo agora que, na cabeça de Christian Salmon, a minha palavra de aceitação, há tempos, foi tomada como uma garantia de presença, hipótese em que eu nunca tinha pensado e a que agora não sei como fugir, tanto mais que ele agarrou no meu nome e pô-lo no «comité» que apadrinhou a ideia de fundar este parlamento. O único modo de satisfazer um compromisso que não tomei, seria fazer uma paragem em Estrasburgo depois de Münster, mas daí resultaria inevitavelmente um novo adiamento da operação, uma vez que terei de estar em Roma entre 17 e 19 para o Prémio da União Latina, com uma possível deslocação a Turim, antes ou depois. E no dia 27 partimos para Manchester, Edimburgo, Liverpool e Londres... Começa a parecer-me absurda esta maneira de viver.

17 de setembro

Frustrada a operação, pensei logo que poderia escapar-me para Lanzarote e ficar lá estes dias até à viagem que terei de fazer a Paris, no dia 28. Não pôde ser. Houve dificuldades de comunicação com a editora Seuil quando se tratou de alterar os bilhetes, e aqui estou eu, contrariado, irritável, aparentemente como uma criança a quem tivessem tirado o brinquedo preferido. Não é isto, porém. A verdade verdadeira, por muito que me custe reconhecê-lo, é não me sentir eu bem em Lisboa, como se ela não fosse a cidade que, melhor ou pior, via como minha. Esse é o problema: não a vejo, não a sinto.

Um súbito pensamento: será Lanzarote, nesta altura da vida, a Azinhaga recuperada? As minhas deambulações inquietas pelos caminhos da ilha, com o seu quê de obsessivo, não serão repetições daquela ansiosa procura (de quê?) que me levava a percorrer por dentro as marachas do Almonda, os olivais desertos e silenciosos ao entardecer, o labirinto do Paul de Boquilobo?

24 de setembro

O computador esteve avariado durante estes dias. Não sei se por causa da falta, andei de humor intratável toda a semana. Sobretudo por me sentir incapaz de escrever doutra maneira. Hoje já pude adiantar a conferência para Tenerife. O trabalho não é nada sem as ferramentas.

26 de setembro

Almoço com Torrente Ballester. Estava Fernanda, sua mulher, também Zeferino, Vítor Branco e Filomena, e Rui Rocha, do *Expresso*. Depois viemos para casa, só com Zeferino, e ficámos a conversar até às dez da noite. A memória de Torrente não é, decerto, um poço sem fundo, decerto Fernanda já ouviu infinitas vezes as mesmas recordações, porém, nós, só agora iniciados, surpreendemo-nos a cada momento com a nitidez das evocações, a graça de um discurso que, pelo tom, pode, de vez em quando, parecer sentencioso, mas que, escutado com atenção, é, todo ele, um processo de autodesconstrução. Teve razão Jorge Luis Borges quando um dia disse, em Buenos Aires, a propósito de uma conferência de Torrente, feita de improviso: «Agora sei que uma conferência pode ser uma obra de arte.»

27 de setembro

Com Torrente, apresentação da *Morte do Decano* no Instituto Cervantes. Duzentas pessoas na sala, duzentos fervores. Falei mais tempo do que devia e menos rigorosamente do que desejava. Ainda assim, duas ou três frases podem ter ficado na memória dos assistentes. Embora um poucochinho pelos cabelos, consegui introduzir aquela ideia minha, luminosa de tão óbvia que é, de que os mortos na guerra não servem para romances policiais porque ninguém está interessado em saber quem os matou e porquê...

29 de setembro

Em Paris, para o lançamento do *Evangelho*, a entender segundo os modelos franceses: umas quantas entrevistas para a imprensa e para a rádio, neste caso um pouco mais, que veio a ser a gravação de um programa de televisão com o esperançoso nome de «Jamais sans mon livre». Estiveram comigo três outros autores, franceses todos eles, e todos a propósito de livros que mais ou menos têm que ver com Jesus. Um deles, André Frossard, já eu conhecia de ler *Dieu en questions*. Aparentemente é um velhinho simpático (poucos mais anos deve ter do que eu, mas podia ser meu avô...), derramando amor e compreensão universal, mas por trás desta máscara percebia-se a dureza do católico absoluto e absolutista que crê ser detentor da única razão e faz questão de mostrá-lo de um modo que chega a raiar a insolência. Outro, Jean-Claude Barreau autor de uma *Biographie de Jésus*, é um antigo padre, um *défroqué,* que deixou a sotaina por amor. Avisaram-me que é bastante «fascista». Foi conselheiro de

130

Mitterrand, e hoje é assessor de Charles Pasqua para os assuntos da imigração. Debitou umas quantas generalidades sobre Jesus e a Igreja, e, quanto a «fascismo», não ficou claro: de qualquer maneira, estar ao lado de Pasqua não é, propriamente, o que se pode chamar uma boa recomendação. Dos três, o mais capaz, inteligente e sensível, pareceu-me ser Jean-Claude Carrière, que escreveu um romance com o título de *Simon le mage.* Trabalhou durante vinte anos com Luis Buñuel. Não falámos muito, mas esse pouco bastou para nos entendermos. À despedida disse-me: «Continuemos...» No que me diz respeito, reconheço que não estive nos meus melhores dias: acabado de chegar, com o meu escasso francês ainda emperrado por falta de uso, defendi-me como pude. Oxalá tenha sido, ao menos, suficiente.

30 de setembro

Nicole Zand, que trabalha para *Le Monde,* pessoa, no dizer geral, muito capaz e crítica arguta, deixa-me sempre a impressão de que não ouve o que lhe dizem e, ainda por cima, faz questão de que se note. Para quem, como eu, põe quanto sabe numa entrevista e dela, invariavelmente, sai cansado, a vontade de sacudir a senhora e fazê-la olhar a direito e a direito perguntar, é quase irresistível. Diferente foi o moço marroquino, Marti Kabbal, do jornal libanês publicado em Londres *El Ayat,* que fez perguntas sérias com um rosto atento e sério, perguntas políticas (sobre a Europa, sobretudo) a que procurei responder sem rodeios porque o homem merecia toda a sinceridade. Porém, o melhor de tudo foi na Radio Suisse Romande, com Isabelle Ruff, eu em Paris, ela em Lausanne, um longo e denso diálogo que me deixou agradecido e intelectualmente regalado...

1 de outubro

O dia começou bem, com Antoine de Gaudemar, do *Libéra-tion*. Este Gaudemar é hoje, tanto quanto posso avaliar, um dos melhores jornalistas culturais franceses, de Paris, pelo menos. Logo de entrada, disse-me que, do seu ponto de vista, *o noyau dur* do meu livro é o episódio do templo, quando o jovem Jesus vai interrogar os doutores (sai-lhe um escriba, mas, para o caso, tanto fazia) sobre culpa e responsabilidade. Não faltou muito para que a minha gratidão extravasasse mais do que a discrição permite... Foi, e espero que na publicação se note, uma esplêndida entre-vista. Depois, num táxi, de baixo de chuva e no meio de um trân-sito infernal, fui com um fotógrafo da *Lire* fazer umas fotografias no Sacré-Coeur, lá dentro mesmo, enquanto decorria um ofício religioso, entre beatos e turistas, a música pífia, a palavra melosa, a máquina católica a funcionar de escape aberto, aquela arquite-tura odiosa, aquele odioso espírito. A ideia era fazer uma fotogra-fia bem provocadora, e não duvido de que se tenha conseguido: mal podia dominar o sorriso irónico que me descompunha os lábios quando, entre círios a arder a uma estátua são-sulpiciana de Santa Teresa de Lisieux, ia sendo bombardeado pelo *flash*. Vendo-me ali, um casal francês de meia-idade aproximou-se para perguntar-me se eu é que vendia as velas... Que não, que descul-passem não ter essa sorte. Voltei à pressa ao hotel, fui almoçar com outro jornalista, Manuel de Carcassone, que me espremeu bem espremido, quase sem sumo para o resto da tarde: uma en-trevista para a Radio Belge, com Marc Rombaud, outra não sei bem para onde, com Bruno de Cessone. Acabei exausto.

2 de outubro

O impossível acontece. De Lisboa chegou-me a voz do inefável Artur Albarran com um convite para participar num programa sobre os portugueses de quem os portugueses mais gostam, conforme começou por dizer, para depois emendar em «os portugueses que os portugueses acham mais populares». Como estava meio adormecido, adiei a resposta para segunda-feira. Pelos vistos, os meus colegas de celebridade são o industrial Belmiro de Azevedo, o político Carlos Pimenta, o animador Herman José, o corredor Pedro Lamy e o futebolista Futre. Com aquele seu riso fino e inteligente, Albarran achava muita graça ao facto de eu ir aparecer na televisão da Igreja, que é a do programa. A graça será muito maior quando eu lhe disser que, uma vez que a TVI entendeu dever proibir a publicidade ao *Evangelho*, o autor do dito entende dever recusar o convite...

Almoço com Zélia Gattai e Jorge Amado, jantar com Prado Coelho. Despedi-me de Paris a falar português.

4 de outubro

Nem Ieltsin, nem Rutskoi. Tambor um, caixa de rufo outro. Os mortos foram muitos, a loucura total. Onde estão os homens novos prometidos pela Revolução de Outubro?

Pilar pediu-me tanto que não desse ao Albarran a razão verdadeira da minha negativa, que não tive mais remédio que dizer, simplesmente, que não podia estar presente. O desconcerto foi total. Logo a seguir telefonou-me o Baptista-Bastos (que pelos vistos trabalha na TVI), usando da influência que um amigo pode ter. Aguentei firme. E à noite, outra pessoa voltou a falar, uma mulher cujo nome não fixei, para sugerir-me que eu poderia participar no programa, via satélite. Evidentemente, recusei, não já por causa das razões que tenho e mantenho, mas porque me pareceu ridículo, absurdo, idiota ocupar tempo de satélite para dizer meia dúzia de banalidades.

Amanhã regressamos a Lanzarote. Uf!

6 de outubro

Numa entrevista que deu à revista *Ler*, o Eduardo Prado Coelho faz uma declaração curiosa (é o menos que se pode dizer) em resposta ao reparo do Francisco José Viegas de que eu «tinha razão quando dizia que os pequenos países europeus iriam ser prejudicados pelos grandes, a propósito da CE...». Diz o Eduardo: «Eu tive, várias vezes, tanto à mesa de almoços e jantares, como em debates públicos, ocasião de debater com o José Saramago — sempre em termos simpáticos, amáveis e com aquele sentido de diálogo, de abertura de espírito e de tolerância que o Saramago sempre mostrou nas conversas que tivemos — a questão europeia. E, de facto, o Saramago tinha opiniões que, por vezes, me irritavam e com as quais discordava profundamente. Talvez alguns dos seus argumentos devessem ser mais tidos em conta. Não digo para estar de acordo com eles, mas para, de certo modo, se avançar para a construção europeia de uma maneira mais sólida e mais eficaz.» Dormitavam a inteligência, a lucidez de Prado Coelho, normalmente tão despertas, quando estas palavras lhe saíram da boca? Dar-se-á conta agora, diante da página

134

impressa, de que o que disse não tem sentido algum? Deixando de parte o seu cauteloso e diplomático «talvez», parece ser claro, para o Eduardo, que alguns dos meus argumentos deveriam ter sido tomados em conta. Ora, se eles mereciam essa atenção (de quem? de Cavaco Silva? de Delors? do próprio Eduardo?), não se compreende como, na continuação da frase, se insinua que «ter em conta» não seria o mesmo que «estar de acordo». Ou é possível, afinal, «não estar de acordo» e «ter em conta»? Parece, em todo o caso, que os meus modestos argumentos, nascidos, não do alto de coturnos intelectuais de que não presumo, mas do simples senso comum e da simples observação da História, sempre podiam ter servido para tornar a construção europeia «mais sólida e mais eficaz»... Enfim, só tenho de deixar passar o tempo. Chegará o dia em que o Eduardo descobrirá a dimensão do seu engano. Oxalá então não seja demasiado tarde para Portugal. Se isso tem alguma importância. Entretanto, alguma coisa se foi ganhando: o Eduardo já se irrita menos...

7 de outubro

O Nobel foi para uma escritora norte-americana negra, Toni Morrison. Ignorante como sou do que se faz literariamente no mundo da língua inglesa, o nome dela era-me totalmente desconhecido. Mas, a avaliar pelas declarações da contemplada e pelo que fiquei a saber agora da sua vida, o prémio foi muito bem dado. Há traduções de livros seus em Espanha: vou tentar pôr-me em dia.

8 de outubro

Um semanário francês, *France Catholique*, envia-me umas perguntas sobre o *Evangelho*, o meu. Querem saber quais foram os critérios que adotei em relação às informações contidas nos Evangelhos, ora tomando-os literalmente ora modificando os atos, as palavras, a cronologia, os lugares, e por que inventei eu não só nos «silêncios» do texto, mas também no corpo do que foi «autenticamente transmitido». Também querem saber se ignorei cientemente aspetos essenciais da tradição judaica, particularmente a Lei recebida no Sinai, que «não é um catálogo de promessas, mas um contrato *reçu et conclu* entre o Povo e Deus». E perguntam mais: que experiência me levou a dar, em Deus como nos homens, tão grande lugar ao mal, ao pecado, ao remorso, e nenhum ao perdão; se considero as guerras nacionalistas e as lutas políticas como meios menos nocivos ou alienantes que a profissão de fé dos crentes; se, significando evangelho *boa nova*, penso que o título é adequado ao livro; e finalmente por que razão retirei Maria de junto da cruz.

Que vou responder? Primeiro, quanto aos critérios, que usei os do romancista, não os do teólogo ou do historiador. Segundo, que um contrato decente deve expressar e harmonizar a vontade das duas partes. Terceiro, que antes de Jesus já os homens eram capazes de perdoar, mas os deuses não. Quarto, que não se devem confundir as guerras (nacionalistas, ou outras) com as lutas políticas, e que, acima de tudo, é necessário respeitar a «santidade da vida». Quinto, que o título nasceu como nasceu, e não há nada a fazer. Sexto, que só em João a mãe de Jesus está presente, Mateus, Marcos e Lucas não a mencionam sequer.

9 de outubro

Um tanto mais desenvolvidas, as respostas definitivas foram as seguintes:

Primeira. Que devo entender por um corpo «autenticamente transmitido»? Entre os evangelhos de Mateus, Marcos, Lucas e João há diferenças e contradições universalmente reconhecidas. Se se considera que essas mesmas contradições e diferenças fazem parte do «corpo», então não deveria ser motivo de escândalo que alguém, interpretando os documentos evangélicos, não como uma doutrina, mas como um texto, procure encontrar neles uma nova coerência, problematizante e humana. Os meus critérios foram, portanto, os do romancista, não os do historiador ou do teólogo.

Segunda. Um contrato verdadeiramente digno desse nome, e muito mais se vai condicionar radicalmente a vida de um povo, como a Lei recebida no Sinai, teria sempre de respeitar e conciliar a vontade das duas partes envolvidas. Não creio que se possa afirmar que seja este o caso: Deus impôs as suas condições — o Velho Testamento é, todo ele, uma demonstração de poder divino — e o povo judeu aceitou-as. A isto não chamaria eu contrato, mas *diktat*.

Terceira. Simplesmente, o espetáculo do mundo. Jesus, filho de um Deus e pai de um Deus (será preciso dizer que o Deus de que hoje falamos está feito à imagem e semelhança do Filho?), não inventou o perdão. O perdão é humano. E o único lugar da transcendência é, acaso, a mais imanente de todas as coisas: a cabeça do homem.

Quarta. Não é legítimo confundir as guerras (e não apenas as nacionalistas) com as lutas políticas. O que chamamos luta política é uma consequência lógica da vida social. Por outro lado, eu não considero nociva ou alienante a profissão de fé dos crentes. Apenas entendo que é meu direito e meu dever debater questões que formaram e continuam a formar, direta ou indiretamente, a substância mesma da minha vida. Como tenho dito, não sou crente, estou fora da Igreja, mas não do mundo que a Igreja configurou.

Quinta. O título do meu livro nasceu de uma ilusão de ótica. Estando em Sevilha, ao atravessar uma rua na direção de um quiosque de jornais, *li,* no meio da confusão das palavras e das imagens expostas, *O Evangelho segundo Jesus Cristo.* Este título, portanto, foi-me *dado,* e como tal o mantive, estando embora consciente da sua dupla inadequação: primeiro, porque o meu livro não é realmente uma *boa nova* para quem estiver mais atento ao «corpo» do que ao espírito; segundo, porque Jesus não escreveu nunca a sua própria vida. Talvez que se a tivesse escrito (perdoado me seja agora este pecado de orgulho) encontrássemos nela algo do que eu próprio escrevi: por exemplo, a conversação com o escriba no Templo...

Sexta. Só no *Evangelho segundo João* a mãe de Jesus está presente no martírio e morte do filho. Nos outros evangelhos, as mulheres (e entre elas nunca é mencionada Maria) assistiam de longe. Eu não estava lá, mas estou pronto a jurar que Jesus morreu só, como sós temos de morrer todos.

Ponto final. Ainda acabo teólogo. Ou já o sou?

10 de outubro

No mesmo número da revista *Ler* em que saiu a entrevista com o Eduardo Prado Coelho publicam-se os resultados duma sondagem que visou averiguar, junto de um universo de «2000 inquiridos, de ambos os sexos, selecionados aleatoriamente de entre o conjunto de indivíduos de idade compreendida entre os 15 e os 65 anos, residentes no Continente e distribuídos por todas as regiões do território», os seguintes pontos: 1) leu algum livro no último ano?; 2) qual o livro que leu no último ano?; 3) identifique três autores contemporâneos que conheça; 4) quais os três autores portugueses que considera mais importantes?

Os resultados deixaram-me confundido, incrédulo e grato, uma mistura de reações onde ainda encontro lugar para um certo sentimento de irritação porque *isto* não pode ser verdade, ou, sendo verdade (costuma-se dizer que os números não mentem...), é uma verdade que me dá mal-estar e vontade de me esconder. Assim, ficou-se a saber que sou o «autor que desfruta de maior popularidade», que o *Evangelho* foi «o livro contemporâneo mais lido no último ano», e que, como se estas demasias ainda fossem pouco, consideram-me «o autor mais importante», à frente (oh, meu Deus!) de Pessoa, Eça, Torga, Camilo, Camões, Namora, Vergílio, Garrett, Júlio Dinis, Agustina, Aquilino, Cardoso Pires, Manuel da Fonseca, Esteves Cardoso, Natália, Florbela e Herculano — o que demonstra que os números, afinal, mentem com quantos dentes têm na boca...

Sem dúvida mais importante do que o que aí ficou, é o artigo também publicado na *Ler* por José Augusto Mourão, com o título «Ética e literatura». José Augusto Mourão, que é universitário e dominicano, analisa o *Evangelho* de um ponto de vista ao mesmo tempo «teológico» e «académico», mistura que chega a ser fascinante, pois tive de perguntar-me algumas vezes quem estaria escrevendo, se o professor ou o monge. Por todos os motivos, não me atreveria a discutir com ele: o livro *sabe* mais do que eu, que se defenda... Agradecido, sim, transcrevo o último parágrafo do artigo: «Aos cães do Senhor (mesmo aos dominicanos) não compete ladrar à lua de um texto imóvel, fetichizado (*noli me tangere*) que sangraria porque o tocávamos. A sua função é a crítica, não a ordália. É porque reconhecemos que há interferências entre este tipo de discurso e o discurso crente, que devemos argumentar, dialogar, estabelecendo a boa distância que a crítica instaura para que a iniciativa semântica não nos esteja já no bolso e nada pudéssemos receber do nosso interlocutor. A partilha das vozes é necessária, pese embora isso às castas do poder sacerdotal e teológico. Transportamos uma memória, sem dúvida. Mas a memória suscita um corpo, um contexto sensível onde dizer-se. E é esse contexto que exige uma palavra nova. E não há palavra nova que não venha marcada pelo fogo ou pelo vento.»

11 de outubro

O editor norueguês dos *Versículos Satânicos,* William Nygaard, da editorial Aschehoug, foi atingido com três tiros e encontra-se em estado grave. Alá atirou a matar, mas parece ter falhado desta vez.

13 de outubro

Ontem, em Puerto de la Cruz (Tenerife), uma conferência no Instituto de Estudios Hispanicos. Sala cheia, muita gente interessada em ouvir o que tinha para dizer o escritor português residente em Lanzarote. O tema, *Descubrir al otro, descubrirse a si mismo,* um pequeno percurso reflexivo que começou nos descobrimentos e acabou na intolerância, caiu no goto duma assistência que já vinha predisposta a gostar do orador. Os aplausos foram fortes e prolongados. Na verdade, as coisas que eu digo não têm nada de extraordinário, mas tocam fundo as consciências, de um modo que me surpreende. Também me surpreendeu, e muito, o remate da sessão. Estava anunciado o Coro da Universidade de La Laguna, e eu, resignado, desejava que não me agredissem demasiado os ouvidos nem por muito tempo. Agressão não houve e o tempo pareceu curtíssimo. O Coro de La Laguna tem vozes excelentes, uma afinação impecável, um sentido de tempo que não se encontra muitas vezes em profissionais. Talvez porque eu estava presente, prometeram duas composições portuguesas — e afinal eram brasileiras... Depois confessaram que nunca haviam tido a oportunidade de estudar música portuguesa. Prometemos-lhes que lhes mandaríamos algum material. Vamos ver o que se poderá arranjar: além de canções populares, algo de Luiz de Freitas Branco, de Cláudio Carneyro, de Jorge Croner de Vasconcelos, de Lopes-Graça. E o *Lusitano*, que está perfeitamente na linha deles.

14 de outubro

António Abreu manda-me de Lisboa a resposta do comissário João de Deus Pinheiro às perguntas em tempo feitas no Parlamento Europeu pelos deputados Klaus Wettig, Miranda da Silva e Coimbra Martins sobre o caso tristíssimo da proibição que caiu sobre o *Evangelho* pela mão católica e imbecil de Sousa Lara. A prosa é burocrática, cinzenta, bocejante, como seria de esperar. Eis a parte final do documento: «As autoridades portuguesas modificaram a sua posição quanto à exclusão de um livro de José Saramago da lista a propor ao júri europeu. Este incidente isolado e já retificado não pode servir para justificar uma atitude de desconfiança face aos processos de seleção fixados pelas autoridades nacionais. No que diz respeito a uma eventual revisão dos processos de atribuição dos prémios, as regras de organização preveem que: "antes do final de 1992, o Comité dos Assuntos Culturais analisará, à luz da experiência adquirida, as eventuais adaptações que considerar necessário introduzir nas presentes regras". O Comité dos Assuntos Culturais deu, com efeito, início aos debates no final de 1992, tendo considerado mais oportuno aguardar até ao final de 1993 para tomar uma decisão definitiva.»

Santíssima hipocrisia! João de Deus Pinheiro bem podia ter acrescentado que manifestou o seu caloroso apoio a Sousa Lara por ocasião de um banquete de homenagem e desagravo oferecido pelos amigos e correligionários do aprendiz de Savonarola...

Telefona-me Isabel Colaço para me informar de que foi assinado anteontem pela RTP o contrato para a produção do documentário sobre a minha pessoa, com destino às «Artes e Letras». Nunca acreditei que esta história fosse por diante: agora só falta que o Judas telefone também a dizer que o *D. João II* recebeu a bênção do José Eduardo Moniz... O realizador que a Isabel Colaço está a pensar convidar é o João Mário Grilo, e, como responsável pela definição e conceção do programa, a Clara Ferreira Alves, ou, não podendo ela, o Torquato Sepúlveda. Respondi-lhes que com estes nomes ficarei descansado.

17 de outubro

Javier e María «inauguraram» ontem a sua casa, festejando ao mesmo tempo o recente aniversário de Javier, 41 anos, uma mocidade. (Ao escrever este número lembrei-me, subitamente, de que por essa mesma idade escrevi um poema, «Lugar-comum do quadragenário», que não resisto a transcrever aqui. Era assim:

Quinze mil dias secos são passados,
Quinze mil ocasiões que se perderam,
Quinze mil sóis inúteis que nasceram,
Hora a hora contados
Neste solene, mas grotesco gesto
De dar corda a relógios inventados
Para buscar, nos anos que esqueceram,
A paciência de ir vivendo o resto.

Como vejo eu isto, trinta anos depois? Sorrio, encolho os ombros, e penso: «Que coisas nós dizemos aos quarenta anos...») Fechado o parênteses, volto ao assunto. María e Javier resolveram convidar amigos para a festa e a casa encheu-se de gente, a maior parte da qual eu não conhecia nem de vista. Mas não é esta a questão. A questão foi ter eu confirmado a tremenda dificuldade que tenho em conviver com pessoas que ainda não tive tempo de conhecer, e mais quando o ambiente ferve de música alta e de palavras que têm de ser gritadas. Senti-me a pessoa mais sem graça, mais sem espírito, que é possível imaginar, e não me restou outra saída que desaparecer discretamente e ir fazer companhia ao cão que, na nossa casa, sofria de abandono como creio que só podem sofrer os cães.

19 de outubro

Do Smith College, de Massachusetts, chega-me um convite para ali ir em abril. Haverá um encontro sobre as relações culturais entre Espanha e Portugal, para o qual pensam convidar também Luis Mateo Díez. Dizem que o ideal seria que cada um falasse da sua própria obra e depois nos juntássemos numa mesa-redonda para falar das relações culturais. O convite vem assinado por Alice R. Clemente, professora de Espanhol e Português e de Literatura Comparada, que não deixa saber, pelo nome, se é, ela, portuguesa ou espanhola. Acrescenta que falou com outras universidades e que tanto a Brown University (onde ensina Onésimo de Almeida) como a Vanderbilty University se mostraram «muito entusiasmadas».

Eu que faço? Protesto que não quero sair de Lanzarote, que já não aguento mais uma vida de literato viajante, que estou disposto a recusar todos os convites que me apareçam — e logo a seguir, diante duma chamada destas (digo «chamada» porque é assim que a entendo), a firmeza vacila, a muralha abre brechas. Ainda há dias tinha recebido um convite para a Feira do Livro de Buenos Aires, no final de março, e agora aparece-me este, mais atrativo ainda. Que decido?

20 de outubro

Disse-lhes que sim senhor irei, desde que também paguem a viagem de Pilar. As negativas, se vierem, como prevejo, resolvem-lhe o problema, uma vez que ela não gosta de viajar, e dão--me a mim o melhor dos motivos para recusar os convites.

23 de outubro

Eppure si muove. Amanhã partiremos para a Alemanha: apresentação e leituras do *Evangelho* em Colónia e Frankfurt. Depois Amesterdão, entrevistas, depois Antuérpia, atribuição e entrega do Prémio Stendhal, depois Münster, estreia da ópera, depois Lisboa, operação, Prémio Vida Literária, curso no Centro Nacional de Cultura, lançamento do livro de José Fernandes Fafe, depois Roma, Prémio União Latina. Só regressaremos a Lanzarote no dia 20 de novembro. Entretanto, fica tudo à espera: a conferência para Sevilha, o romance ainda no princípio, a correspondência que se vai acumular...

24 de outubro

Em Düsseldorf estavam à nossa espera para nos levarem a Colónia: um casal jovem que depois não tornaríamos a ver. Ela falava um francês fluente, o que facilitou a comunicação. Antes não tivesse sido assim. Cansado da viagem, desinteressado de qualquer assunto que não se relacionasse com um quarto de hotel, gostaria de ter feito o caminho em silêncio. Mas ela deve ter pensado que não seria uma boa «relações públicas» se não falasse sem parar: a tortura durou quase uma hora.

25 de outubro

Leitura do *Evangelho*, com Ray-Güde, numa livraria perto do hotel. Casa cheia, pessoas sentadas no chão, outras que não conseguiram entrar. Uns quantos portugueses e brasileiros, na sua maioria residentes em Colónia, mas alguns vieram de localidades próximas. Uma portuguesa idosa, com um gorro na cabeça, beijou-me as mãos a chorar. Só dizia: «Obrigada, obrigada.»

26 de outubro

De comboio para Frankfurt. O Reno, debaixo de um céu cinzento, não pôde luzir-se muito. Os castelos lá iam desfilando, um a um, negros como corvos, as florestas amaciavam convenientemente as montanhas, o rochedo de Lorelei, quando apareceu, quis tomar um ar romântico, as barcaças deslizavam em silêncio ao rés da água — imagens sem surpresa, já vistas antes, e a que, provavelmente, só a imaginação pode dar ainda alguma vida. Era como se não houvesse em nada daquilo nenhuma realidade, como se fossem peças de um museu só a duras penas mantidas nos seus lugares.

Ficámos num desses hotéis que a cada passo se encontram na Alemanha, antigos prédios de habitação que conservam a atmosfera, o cheiro e a alma doutro tempo. O hóspede tem a chave da porta da rua, regressa às suas horas e sobe ao quarto com a impressão de estar em casa. O único inconveniente é que, em geral, não há elevador: desta vez foi preciso subir as malas quatro empinados andares, e sendo a confiança tanta — estamos aqui como em família —, não há no quadro do pessoal um empregado para fazer esse serviço, por muito cansado que o viajante se diga. Como anjo protetor, o Teo Mesquita ajudou a içar a bagagem até ao quarto que estava reservado para o casal Saramago. O Teo ajuda sempre, acha que nasceu para isso.

A leitura, na Literaturhaus, foi magnífica. Tive a sorte de contar com a colaboração de um ator, Jochen Nix, e o resultado deixou-me rendido e agradecido. Talvez a língua alemã seja dura, áspera, gutural, talvez tenha realmente esses defeitos, se o são. O que sei é que as palavras do *Evangelho*, ditas daquela maneira (eu ia seguindo a leitura pelo original), ressoaram nos meus ouvidos com uma energia nova, não apenas lidas, mas anunciadas, ali mesmo nascidas, e proclamadas. As cerca de 200 pessoas que enchiam a sala ouviram, durante duas horas, num silêncio total, cortado de vez em quando por murmúrios de aprovação, algumas passagens da vida que inventei para Jesus. Os aplausos foram muitos e prolongados. Uma bela noite. (Entre os livros que autografei estava um exemplar da edição do *Memorial* em hebreu...) O diálogo que se seguiu à leitura não se limitou às questões literárias: também se falou de intolerância, de racismo, de coisas bem mais duras que a língua alemã. Em dada altura meti uma frase de efeito que espero ter ficado em algumas memórias. Falava-se do imparável afluxo de imigrantes à Europa, e eu disse: «Se o centro não vai à periferia, irá a periferia ao centro.» Por outras palavras: a Europa está hoje «cercada» por aqueles a quem abandonou depois de os ter explorado até às próprias raízes da vida.

27 de outubro

Num pequeno-almoço com jornalistas, foi-me pedido que comentasse a denominada «morte do comunismo». Lancei-me numa resposta que prometia ser longa e provavelmente confusa àquela hora da manhã, mas de repente interrompi o discurso e resumi desta maneira: «Em França, nos tempos da monarquia, quando o rei morria, aparecia sempre um certo dignitário da corte que anunciava e ao mesmo tempo proclamava: "Le roi est mort! Vive le roi!" Creio, meus senhores, que não vão faltar razões para que comecemos a pensar em dizer: "O comunismo morreu! Viva o comunismo!"» Os jornalistas, todos eles, fizeram um ar de germanicamente entendidos...

Cinco horas de automóvel, de Frankfurt a Amesterdão. Uma estafa para Teo, mal servido por uma generosidade que nunca se cansa, mas que não pode deixar de o cansar a ele: àquelas cinco horas ia ter de juntar pelo menos outras tantas, uma vez que, depois de nos deixar no hotel, regressou logo a Frankfurt. E tudo por causa de *uma* entrevista... Decididamente, os editores (neste caso Arbeiderspers) abusam dos pobres escribas, sempre em voltaretas absurdas, e esta como poucas o têm sido. No fim, graças a este meu feitio que só é rebarbativo aparentemente, acabei por achar que valeu a pena: o editor, Roland Fagel, é um rapaz simpático e simples, reencontrei Herrie Lemmens, meu tradutor, e o restaurante onde jantámos — *Le Restaurant tout court*, assim se chama — tem um ótimo cozinheiro, que é o pai de Roland... Mas o cansaço que eu levava dentro de mim quando regressámos ao hotel não é explicável por palavras.

28 de outubro

Herrie e a mulher, Ana Maria, portuguesa, levaram-nos de automóvel a Antuérpia através de uma paisagem sem alma, monótona, de um lado e do outro o *plat pays* de Jacques Brel. Custa a acreditar que estes lugares tenham produzido aqueles fabulosos pintores paisagistas do século XVII. Salvo se — e isso é o mais provável — os campos de hoje têm pouco que ver com o que então eram. É verdade que algumas vezes a pintura serviu para reconstruir cidades arrasadas (Varsóvia, por exemplo), mas não creio que nenhuma paisagem tenha sido reconstituída segundo uma imagem pintada. Sem falar, claro está, que a fidelidade dos pintores aos modelos, humanos ou não, sempre foi menos que relativa...

Em Antuérpia, reunião do júri do Prémio Stendhal. Divirto-me com o ar compenetrado do Lord-Presidente, estreante nestas andanças, mas não querendo que se note. Os relatores comunicam as razões dos júris de cada secção, depois segue-se um debate que não serve para nada, uma vez que as decisões já estão tomadas. Transtornei esta doce paz quando quis saber os motivos por que o prémio «Realidade e sociedade europeia», para a Imprensa, apenas contempla o tratamento de temas económicos e políticos relacionados com a CE, sem nenhuma sombra de preocupação pelas consequências da integração no plano cultural. Acabara de pôr, evidentemente, um ovo de Colombo, mas levaram tempo a perceber. Depois, ficou mais ou menos entendido que se iria pensar nisso.

29 de outubro

Uma surpresa vinda da França: Dominique Wolton, um *directeur de recherche* do CNRS, que, com muito mais clareza e fundamentação, repetiu, diante duma plateia de eurocratas pequenos e médios, as preocupações que tenho andado a manifestar nestes últimos anos acerca da integração europeia, das entidades nacionais e dos nacionalismos. Foi uma corrente de ar fresco que varreu o interior nebuloso daquelas endurecidas cabeças. E, uma vez mais, a tal ponto é óbvia a inquietação que vem roendo a aparente placidez dos discursos institucionais, os assistentes romperam em aplausos, como em circunstâncias semelhantes, com perdão da imodéstia, se tem aplaudido este português. Falando depois com Wolton, soube que brevemente sairá um livro seu em que se desenvolvem as teses que ele ali tinha exposto resumidamente. O livro chama-se *La dernière utopie: la naissance de l'Europe démocratique*, e logo ali decidi recomendá-lo à Caminho, mesmo sem o ter lido. A ver se se começam a compreender umas quantas questões elementares.

À noite, depois do jantar, troca de gabardinas. Dentro da minha, todas as nossas chaves. Falarei com alguém da Fundação Adelphi para que tratem de averiguar quem foi que me deixou com uma gabardina onde caberiam dois como eu.

30 de outubro

Chegada a Münster, para a estreia de *Divara*, amanhã. À noite, no café do teatro, mais uma leitura do *Evangelho*. Muito público. Uma portuguesa que veio propositadamente de Heidelberg para assistir ao espetáculo. A leitura correu muito bem: a apresentação de Ray-Güde, como de costume, sóbria e eficaz, as minhas intervenções eficazes também, embora bastante menos sóbrias (não consigo privar-me do prazer das digressões: o que vale é que no fim acaba por encaixar tudo), e a participação de um ator, Starcke-Brauer, que fez um trabalho magnífico.

31 de outubro

Triunfo. Quinze minutos de aplausos. O espetáculo é arrasador, tanto pela música de Azio Corghi (superior à de *Blimunda*, na opinião deste simples ouvinte) quanto pela encenação de Dietrich Hilsdorf, que leva a ação dramática a um paroxismo que chega a roçar o insuportável. Confesso que teria preferido menos «invasões» da sala, pois não creio que a participação do público se torne mais viva pelo facto de ser «agredido» diretamente pelo contacto ou pela proximidade imediata dos atores. Mas esta incomodidade não diminui em nada a grandeza do espetáculo. Digo grande em todos os sentidos: musical, plástico, interpretativo.

Informaram-me que o Teatro de S. Carlos foi convidado a fazer-se representar, mas que nem sequer respondeu. Ah, pátria querida, heróis do mar, nação valente e imortal...

1 de novembro

Em Lisboa, para a operação e a entrega do prémio. Também o colóquio no Centro Nacional de Cultura e a apresentação de um livro de José Fernandes Fafe.

2 de novembro

Reenviado de Lanzarote, recebo um fax de Eugénio Lisboa em que ele transcreve um bilhete de Georges Steiner com afirmações tão extraordinárias como a de ser *O Ano da Morte de Ricardo Reis* melhor que *Os Maias*... Está visto que a qualidade do pano não evita as nódoas. Acho, francamente, que *O Ano* é um livro que o tempo irá respeitar, mas daí a dizer-se que é superior aos *Maias* parece-me uma falta — de respeito.

4 de novembro

Regresso a casa. A operação correu bem, mas ainda terei de esperar muito antes de recuperar a visão, que, aliás, duvido que venha a servir-me de grande coisa, tendo em conta os problemas da mácula, que esses não têm remédio.

Chegaram de Itália críticas a *Divara*, todas favoráveis. Compensam a notícia de *El País*, totalmente imbecil.

8 de novembro

Dias sombrios, com o olho tapado e o humor fechado. Mas hoje aconteceu algo a que se poderá chamar, quando for iniciado o processo da minha canonização, «o milagre das chaves»... O caso foi o seguinte: saí com Pilar, de manhã, para umas voltas (Instituto Gama Pinto, Caminho), e depois separámo-nos, eu para almoçar com o Luiz Francisco Rebello, ela para ir ao *Expresso*, ficando Pilar com as chaves da casa (as outras, as que ficam em poder da Maria do Céu quando estamos fora), uma vez que eu deveria chegar mais tarde. Porém, não foi assim, ela ainda não tinha voltado, retida no jornal. Para entreter a espera fui recolher o correio à mercearia do prédio ao lado, que o carteiro sempre deixa ali, à guarda do Sr. Manuel e da D. Irene. Havia algumas cartas, jornais, a rotina de todos os dias, e um pequeno pacote, desses almofadados por dentro, que continha (percebia-se à palpação) uma pequena caixa. Os selos eram belgas, o carimbo de Bruxelas. Imediatamente desceu sobre mim o Espírito e segredou-me ao ouvido: «São as tuas chaves.» E eram. No exato momento em que eu precisava delas para entrar em casa, ali as tinha, num berço de esferovite para não chocalharem no caminho. O desconhecido que me levou a gabardina abria-me, lá de longe, a porta da minha casa.

Mas a história não fica por aqui, uma vez que os milagres nunca vêm sós. Mal eu tinha acabado de entrar, toca o telefone, e era quem? A secretária da Fundação Adelphi, para me informar de que já tinha conseguido comunicar com o homem da gabardina e que... Interrompi-a para lhe contar o que acabara de suceder, anunciando-lhe ao mesmo tempo que no dia seguinte despacharia a gabardina trocada, agora que já tinha a direção do seu legítimo proprietário. Rimo-nos muito. Só me resta esperar que o belga, tão solícito a enviar-me as chaves, me restitua com igual prontidão a minha gabardina...

11 de novembro

Colóquio no Centro Nacional de Cultura. Fizemos — a Lídia Jorge, o Cardoso Pires e eu — o melhor que sabíamos e podíamos, mas o público não quis ajudar: poucas perguntas, e nenhuma com interesse. Em certa altura faltou a luz, tiveram de acender velas. No fim, fomos jantar à Bénard: um bom jantar e uma conversa ainda melhor. Para não variar, quando nos despedimos, perguntámos uns aos outros: «Por que é que não nos vemos mais vezes?»

12 de novembro

Entrega do Prémio Vida Literária. Manuel Frexes, subsecretário da Cultura, fez declaração pública de que «José Saramago é uma grande figura da cultura portuguesa», acrescentando:

«Esta é a nossa posição.» Como o plural, em pessoa tão simples como ele parece ser, não poderia ser majestático, entende-se que «nossa» se refere à Secretaria de Estado, incluindo, suponho, o secretário de Estado em carne e osso... Assim vai o tempo e o descaramento. Quando Manuel Frexes veio cumprimentar--me, tive o cuidado de dizer, muito claramente, isto: «Cumprimento a pessoa que é, não a pessoa que aqui representa.» E ele: «Porquê?» Como a explicação completa iria atrasar o começo da sessão, limitei-me a responder-lhe: «Porque com o secretário de Estado Santana Lopes nem o último bocado de pão.» Ele fez uma cara desolada, murmurou: «Não diga isso...» — e lá foi ocupar o seu lugar, à esquerda de Mário Soares. Não deu azo a que eu o esclarecesse de que ainda seria capaz de partilhar com o Santana Lopes *o meu* último bocado de pão, mas não aceitaria nada do *dele*...

Houve animação nos discursos. No que me toca, falei de respeito e de falta de respeito, disse que cerimónias como estas são muito bonitas, mas que é para lá da porta que se conhecem e julgam os comportamentos. Sobre o Lara, nem uma palavra, mas lembrei ao público que o secretário de Estado havia posto um processo a José Blanc de Portugal por este lhe ter chamado, quando dos «concertos de violino de Chopin», imbecil musical. Muita gente não sabia. Nesse momento, Manuel Frexes segredou a Mário Soares que a queixa tinha sido retirada... E como o David Mourão-Ferreira, nas belas palavras que pronunciou, de homenagem ao Zé Gomes (o Urbano tinha evocado antes o Manuel Ferreira), aludiu a uma frase por ele escrita no primeiro número do boletim da APE («Entre pessoas de qualidade, as diferenças só servem para unir»), permiti-me chamar a atenção dos circunstantes para a condição *sine qua non* posta pelo José Gomes Ferreira, isto é, que as ditas pessoas fossem «de qualidade». Como todos os assistentes tinham cara de bons entendedores, fiquei-me por ali, mas o mesmo não faria Mário Soares, que, com aquele seu ar fingidamente distraído do alcance das palavras que vai proferindo, esvurmou complacentemente a ferida que eu abrira, declarando-se satisfeito pela «autocrítica» do subsecretário de Estado e pelo «reconhecimento público de uma injustiça» ali expresso... Uma noite em cheio.

Jantámos na Varina da Madragoa com o Carlos do Carmo e a Judite. Disseram-me que há um produtor (mais um) interessado em pôr *o Memorial* em cinema. E que o realizador em que estão a pensar é o Bertolucci... Quando a esmola é grande, já se sabe, o pobre desconfia. Mas, se isto viesse a confirmar-se (do que francamente duvido), teria eu forças bastantes para resistir à tentação?

16 de novembro

Viagem para Roma. Pela terceira vez faço anos no ar, entre Roma e Lisboa. A primeira, em 90, foi quando do descolamento da retina, com o olho vendado e a caminho duma operação de prognóstico duvidoso, e portanto imaginando o pior, mas, no fundo, com este veio de otimismo incurável que percorre felizmente a massa obscura do meu congénito pessimismo, se dele pode ser prova, só para dar esse exemplo, o facto de nunca ter sido uma criança alegre.

17 de novembro

Reunião do júri do Prémio União Latina. Ganhou Torrente Ballester, mas foi o cabo dos trabalhos para convencer da bondade da escolha um Antonio Tabucchi que defendia com unhas e dentes a candidatura de Luigi Meneghelo, escritor mais do que estimável, sem dúvida, porém sem a dimensão de Torrente.

Jantar em casa de Rita Desti. Ali fui apanhado ao telefone por Maria Luisa Cusati: convida-me a ir à Universidade de Nápoles em fevereiro. E, já no hotel, é Pablo Luis Avila a perguntar-me, de Turim, se quero ir, em abril ou maio, à primeira universidade que me fez doutor *honoris causa*... Que um «doutor» tem, para com a sua universidade, obrigações que eu ainda nem comecei a cumprir...

19 de novembro

De manhã, em Campidoglio, no Palazzo del Conservatori, encontro de Torrente Ballester com a mocidade das escolas. Mas, falaram tanto os que, devendo falar, bem podiam ter sido mais comedidos, que o tempo quase não deu para o premiado. Em certa altura (já tinha sucedido o mesmo o ano passado) saiu-nos um professor com ares de Catão maldisposto a querer saber por que motivo a Torrente e a mim nos caía tão bem o «fantástico», pecha que, no seu entender, denunciava o nosso temor perante as duras realidades do presente. A culpa da diatribe foi minha, pois antes tentara mostrar as diferenças entre o «realismo mágico» latino-americano e o mundo ficcional de Torrente. Gonzalo respondeu-lhe secamente. Enquanto ele falava, apresentou-se-me na cabeça uma imagem que depois traduzi mais ou menos assim: «O real é o mar. Nele, há escritores que nadam e há escritores que mergulham. Mas a água é a mesma.» O professor foi-se de rabo entre as pernas, mas o público não aplaudiu tanto quanto eu esperara...

À noite, na Academia Romena, Torrente pôde enfim brilhar. De pé, amparado à inseparável bengala, fez um discurso sábio e humaníssimo, como já não se usa. Falou de Dante, de Ariosto, da sua Galiza natal, de Sertório («Onde eu, Sertório, estiver, estará Roma.»), evocou os soldados romanos que se juntavam nas penedias de Finisterra para ouvir o ruído do Sol ao cair no mar... A plateia ouviu-o fascinada, as palmas não queriam acabar.

Jantar na embaixada. Estiveram Carmélia, Jorge e Zélia, o casal Lozano, da Academia Espanhola, Rita Desti, e, milagre dos milagres, em atmosfera de armistício tácito, chegando mesmo ao diálogo, a Giulia, a Luciana e o Beppe... Sob a minha asa protetora, mas provavelmente também por razões que eles lá conhecem, parece ter principiado o degelo dos representantes máximos dos dois clãs de lusitanistas enfrentados desde a noite dos tempos. Estava igualmente Maria Barroso, que veio para uma reunião no Vaticano sobre a situação da criança no mundo. E também estava o embaixador junto da Santa Sé, António Patrício, que, sem muita subtileza, me perguntou qual ia ser o meu próximo tema religioso. Respondi-lhe que não era a religião o que me interessava, mas o poder, e que Deus, e quem em nome dele jura, só me preocupavam como expoente superior, máximo e de algum modo inalcançável, do Poder. Então, este embaixador, que certamente conta com todos os beneplácitos da Igreja, os formais e os outros, atreveu-se a dizer, contrariando o seu estatuto de impessoalidade, que, mais do que ir às origens

do Cristianismo, como fui no *Evangelho*, eu deveria interessar-
-me era pelo poder efetivo, real, quotidiano da Igreja Católica,
hoje. Que sim, respondi, que se fosse embaixador junto da Santa
Sé, como ele era, com certeza saberia coisas que seriam úteis
num romance com papa e cardeais. Com finíssimo espírito, António Patrício disse: «Quem sabe? Talvez o venha a ser um dia.»
— desta maneira demonstrando quanto é fácil a um diplomata
não dizer o que pensa. De outra madeira é feito Nunes Barata,
que fez uma belíssima (e sincera, há coisas que não se podem
fingir) saudação. Também não estive mal no agradecimento.
Jorge Amado comoveu-se. No remate deixei um recado aos
italianos desavindos: façam as pazes e trabalhem juntos, que
diabo. Não foi assim tão direto, mas percebeu-se.

20 de novembro

Regresso a Lanzarote. A impressão, intensíssima, de estar a
voltar a casa.

21 de novembro

Telefonou de Nova Iorque uma professora universitária,
Yvette Biro, que quer fazer um guião cinematográfico sobre
A Jangada de Pedra. Diz-me que me escreveu, por correio expresso, há um mês, uma carta onde me explicava as suas ideias,
mas que essa carta acabava de lhe ser devolvida com a indicação
de «não reclamada», ou algo no género. Que vai reenviar-ma.
Insistiu que o assunto tem para ela uma grande importância,
tanto assim que se dispõe, concordando eu, a vir a Lanzarote

em janeiro para conversar. Disse-lhe que sim, pode vir quando quiser, falar não compromete e satisfaz a curiosidade. Mone Hvass, a tradutora dinamarquesa, está cá. Tínhamo--la convidado há tempos. Veio descansar e trabalhar nos pontos duvidosos do *Evangelho*.

23 de novembro

O tempo está ruim, com vento e grandes chuvadas. Os meteorologistas informam-nos de que se trata de uma gota fria. (Diz o *Larousse* que «gota fria é o nome dado às correntes frias que ficam isoladas da sua origem na frente polar. Quando são envolvidas por uma camada mais quente geram fortes depressões atmosféricas, que por sua vez provocam chuvas intensas e ventos fortes».) Mone, que vinha a contar com o Sol, encontra a sua Dinamarca em Lanzarote.

24 de novembro

Chegou a carta de Yvette Biro, que é, agora fiquei a saber, professora na New York University Graduate Film School. Não sei que faça. Quando acabei de ler deu-me vontade de pegar no telefone e dizer-lhe: «Comece a trabalhar.» E não era porque ela tivesse feito desaparecer os meus velhos medos às versões, transposições e adaptações de obras literárias (das minhas falo, claro está) ao cinema. O impulso nasceu do tom particular da carta, escrita por alguém de óbvia sensibilidade e inteligência, qualidades estas que são, com a bondade, as que mais gosto de encontrar nas pessoas. Acresce que esta mulher, húngara de nascimento, tem atrás de si uma folha de serviços séria: trabalhou com Zoltan Fabri, Márta Mészaros, e sobretudo com Miklós Jancsó, o realizador do *Salmo Vermelho*, que me lembro de ter visto em Paris. Enviou-me um livro seu, *Mythologie profane — cinéma et pensée sauvage*, que já espreitei e me parece muito interessante. Vamos a ver. Se ela quer conversar, conversaremos. E, quem sabe, talvez eu me deixe convencer.

Também chegou, via fax, um projeto de contrato de opção de direitos para adaptação do *Memorial*. Vem do produtor que me prometeu o Bertolucci... Como é que iria pôr uma assinatura num papel cujo conteúdo substancial inteiramente desconheço? O mais que farei é dizer-lhes: «Primeiro, assegurem a participação de Bertolucci, depois falaremos.»

25 de novembro

Em que ponto está o *Ensaio sobre a Cegueira*? Parado, dormindo, à espera de que as circunstâncias ajudem. Mas as circunstâncias, mesmo quando parecem propícias, não perdem a sua volubilidade natural, precisam de uma mão firme e boa conselheira. Até ao fim do ano (por causa da viagem às terras do Mais Antigo Aliado, e depois as festas, com a casa cheia de gente), não terei mais remédio que deixá-las à solta (falo das circunstâncias, claro) mas logo a seguir tratarei de as prender curto. Entretanto, vou escrevendo umas quantas coisas como esta que a revista *Tiempo*, de Madrid, me pediu, sobre a anunciada criação do Parlamento de Escritores:

«Não é raro que o destino de uma boa ideia, por faltarem os meios necessários para a pôr em prática, acabe por ser o das boas intenções que não foram atendidas por uma vontade forte. Tenho, evidentemente, motivos para crer que a vontade não faltará aos impulsionadores e apoiantes do Parlamento de Escritores, entre os quais me conto, e que a ideia da sua criação, sendo também uma boa intenção, não prolongará a lista de frustrações e mal-entendidos em que tem sido fértil a intervenção cívica (ou deveremos dizer política, em sentido pleno?) daqueles a quem se designa por intelectuais. Com uma condição: que este Parlamento Internacional de Escritores se considere reunido em sessão permanente, isto é, que o facto da sua existência sirva para estimular uma participação quotidiana e efetiva dos escritores na sociedade, ao mesmo tempo que vá recebendo alimento e substância dessa mesma participação. O bom Parlamento não é aquele em que se fala, mas aquele em que se ouve. Os gritos do mundo chegaram enfim aos ouvidos dos escritores. Vivemos os derradeiros dias daquilo que, no nosso tempo, se chamou "compromisso pessoal exclusivo com a escrita", tão querido a alguns, mas que, como opção de vida e de comportamento, é, essencialmente, tão monstruoso quanto já sabemos que é o compromisso pessoal exclusivo com o dinheiro e o poder...»

28 de novembro

Chegada a Manchester. Pergunto-me como irão ser estes dias, entre ingleses e escoceses desconhecidos, salvo o meu precioso Giovanni, que estava à nossa espera no aeroporto. Instalaram-nos em Didsbury, em Broomcroft Hall, numa casa para professores de passagem e convidados da Universidade. O quarto é sóbrio e suficiente, o aquecimento central sufocante. Ao fim da tarde houve uma receção oferecida pelo reitor. Bastante gente: portugueses, os leitores, Lígia Silva e Luís Vilela, e umas quantas pessoas mais, além dos catedráticos de português, espanhol e francês. Clive Willis, chefe do Departamento de Estudos Hispânicos, ofereceu--me, com alguns postais, «para ajudar as recordações», uma fotocópia de um desenho de William Blake representando Camões antes de Ceuta, isto é, ainda com os dois olhos intactos... Como todo o mundo, habituei-me tanto à imagem canónica do nosso épico, que devo ter acabado por tomar a sua meia cegueira como marca da genialidade. Só assim se explica o sobressalto que experimentei ao ver aquela cara banal, igual à de toda a gente. Mas havia também um sentimento de enternecida compaixão, como se ambos estivéssemos na véspera da batalha em que ele iria perder o olho, e eu o soubesse, mas ele não. A receção durou três horas. Cansei-me de sorrir, do esforço de parecer inteligente. O tempo está frio, cinzento. A noite começa às quatro e meia da tarde.

29 de novembro

O vento corre em todas as direções nas ruas de Manchester, mas o frio avança numa direção só: a dos ossos de qualquer ser vivo que se atreva a pôr pé nestas calçadas. Enquanto esperávamos Luís Vilela, que haveria de levar-nos a uma transida volta pela cidade, entrámos no museu. Pequeno, desarrumado e em obras. Se toda a pintura que têm é a que estava à vista, a visita não vale a pena, salvo para escapar às asperezas do tempo no inverno. Curioso, no entanto, é observar como os pintores ingleses menores do século XIX e dos primeiros anos deste tratavam o nu feminino: por baixo duma matéria lisa que parece proteger o corpo das concupiscências do pincel, nota-se como que uma sensualidade mal refreada, capaz de cevar-se furiosamente no modelo à menor distração. Foi talvez esta duplicidade (esta e outras) o que caracterizou a Inglaterra vitoriana e os seus tortuosos modos de viver, tanto os públicos como os subterrâneos.

Conferência na Witworth Art Gallery. Com surpresa geral, e a minha maior que a de todos, havia mais de cem pessoas a assistir. Entre elas o Alexandre Pinheiro Torres e o Eugénio Lisboa, idos, respetivamente, de Cardiff e de Londres. E havia gente que tinha ido de Leeds, de Liverpool, de Birmingham. O convidado Saramago foi apresentado por Clive Willis, excessivamente, como é de regra nestes casos. Li, com satisfação da assistência, aquele texto já publicado, «Do canto ao romance, do romance ao canto». Jantámos depois, Pilar e eu, em casa de Jeremy Lawrence, um simpático, caloroso e competente medievalista que, irresistivelmente, a propósito de tudo, nos dava sinais de quanto teria gostado de viver na época em que se especializou. Jeremy resigna-se a este tempo, enquanto espera que o mundo, pelo andar que leva, entre em uma nova Idade Média.

30 de novembro

Quando o Prémio Vida Literária me foi entregue, disse, no discurso de agradecimento, que, não havendo faculdades de Literatura que produzam escritores como outras produzem médicos, advogados ou engenheiros, só resta aos aspirantes ao ofício de escrever tentarem aprender com o trabalho de quem antes deles escreveu — e que essa é boa maneira. Pelos vistos, estava enganado. Hoje, aqui em Manchester, na universidade, tive um encontro com uns quantos escritores (alguns, novos, outros não tanto), pós-graduados, em vias de preparação de tese. Ora, a tese (ainda não recuperei da estupefação) consistirá na redação (não vejo outro modo de chamar-lhe) de um romance... Manifestei o meu desconcerto a Giovanni Pontiero, que se limitou a encolher os ombros e a pôr em mim uns olhos piedosos: compreendi que também ele não concordava com a peregrina ideia de atribuir um título universitário a partir de uma matéria tão fluida e por definição tão antiacadémica como é a escrita novelesca. Assim confortado, respondi a perguntas: creio ter justificado o meu próprio direito a ser escritor, embora não titular.

1 de dezembro

Visita a Liverpool para conhecer os professores e leitores do Departamento de Estudos Portugueses e Espanhóis. O tempo era escasso, a conversa foi breve e puxada pelos cabelos. Depois fomos às arquiteturas, dois pesadelos em forma de catedrais, a anglicana e a católica, esta ainda assim aturável, apesar do mau gosto da iluminação tirante ao celestial. Quanto à outra, imensa, em estilo neoneogótico, se se lhe pode chamar assim, parece-se com o palácio de *Citizen Kane*. Inerte e fria, como um cenário, esta aberração fez-me lembrar, por contraste, a Basílica de Santo António, em Pádua, aqueles círios, aquelas confissões em cadeia, o exibicionismo do pessoal eclesiástico de turno. Um descrente como eu não pode deixar de perguntar-se onde diabo conseguirá meter-se Deus se alguma vez aqui vem. O que nos valeu, na anglicana catedral, ainda foi uma orquestra de jovens que ali estava ensaiando um concerto de flauta. Os instrumentos soavam com uma limpidez rara, o que significa que, no fim das contas, o péssimo arquiteto desta obra foi um excelente engenheiro de acústicas.

Mais excelente que tudo, a pintura que está na Walker Art Gallery, para onde nos tínhamos precipitado mal saímos da estação de caminho de ferro. Dá que pensar uma tábua de Simone Martini, mostrando o episódio do encontro de Jesus com os pais (insisto em chamar pais a José e Maria) depois de ele se ter deixado ficar no templo a fazer perguntas aos doutores. Maria está sentada, com um livro aberto no regaço e a sua mão direita, estendida na direção do filho, mostra que o está admoestando, enquanto José olha o rapazinho com uma expressão ao mesmo tempo repreensiva e angustiada. Quanto a Jesus, não há nele qualquer sinal de pesar ou de arrependimento pela escapada. De braços cruzados, sobrolho que se adivinha franzido, os cantos da boca descaídos, é o vivo retrato do rapazinho mal-educado que não aceita conselhos nem ralhos. O que se passa aqui é uma cena de família, as auréolas e as roupagens de aparato das personagens não convencem ninguém... Quão diferente é a *Pietà* de Ercole de' Roberti. Maria já não tem no regaço um livro, mas o filho morto, um cadáver de homem que ela quase não consegue amparar. O rosto dele mal se vê, mas pode-se perceber na sua expressão uma espécie de indiferença. Não a resignação do «tudo está cumprido», a serenidade do «nas tuas mãos entrego o meu espírito», a revolta do «por que me abandonaste?». Apenas indiferença, uma inexplicável e terrível indiferença. Não ficam por aqui as belezas do museu de Liverpool: uma *Deposição no Túmulo* do Mestre da «Virgem entre Virgens», o *Retrato de Mancebo* de Jan Mostaert, a *Ninfa da Fonte* de Lucas Cranach, o Velho, um *Autorretrato* de Rembrandt, aos 24 anos... Mas aquele Cristo, com a cabeça descaída para trás, a barba apontando o céu, reduz o resto a simples pinturas. No chão está a coroa de espinhos, uma coroa que serviria à cabeça de um gigante. Não admira. Tinha sido posta na cabeça de um deus, acabou de cair da cabeça de um homem.

3 de dezembro

Edimburgo (e para que o digo eu, se tantos o disseram já?) é uma cidade belíssima. E mais o seria se no lugar da estação de caminhos de ferro ainda estivesse aquele lago que a natureza lá pôs um dia e que os homens outro dia secaram. Mesmo assim, com um pequeno trabalho da imaginação, podemos decidir que a cobertura cinzenta da estação é uma água sombria que reflete o tempo coberto e a chuva que viemos encontrar. Em Edimburgo anoitece mais cedo que em Liverpool: às quatro já os candeeiros estão acesos. Perdemos uma parte da manhã à procura de um transformador para o computador (esta malvada máquina só me dá aborrecimentos) que resolveu não funcionar em Didsbury, e depois é que fomos ao castelo. Chovia finamente, a poalha da água, como suspensa, confundia o horizonte com a terra e o céu, mas a beleza da cidade, toda feita de torres, altas empenas, grandes massas arquitetónicas, de tão viva e intensa, quase se tornava angustiante. Não sei como será morar em Edimburgo, mas sei, se a vida ou a morte não disperserem outra coisa, que voltarei aqui um dia e que subirei para o Norte, onde me dizem que permanece ainda a Escócia profunda. Fomos, depois do castelo, à Catedral de St. Giles. Entre esta formosura, dos tempos em que a fé, mesmo se não removia montanhas, criava obras-primas, e os fenómenos teratológicos de Liverpool, vai a distância que separa o banal do excecional.

A conferência — «A Ibéria entre Europa e América Latina» — correu bem. Menos gente que em Manchester, mas todos interessados. David Frier leu um extenso ensaio — «Ascent and Consent: Hierarchy and Popular Emancipation in the Novels of José Saramago» — onde encontro coisas tão inesperadas como a associação do Padre Bartolomeu de Gusmão do *Memorial* a Mefistófeles

e de Baltasar Mateus, o Sete-Sóis, a Fausto... Terei de ler com atenção o texto (quando souber inglês suficiente...), para ver até que
ponto a ousadia se justifica. Giovanni Pontiero falou esplendidamente do *Ano da Morte de Ricardo Reis*. Digo esplendidamente
porque, ainda que com alguma dificuldade, fui acompanhando
a leitura (quando se fala de nós em bem conseguimos perceber
tudo, mesmo que o discurso seja em húngaro...), e a impressão
do público não foi para menos. No fim da sessão houve receção.
Uma boa parte do tempo conversei com estudantes: gostei eu
e pareceu-me terem gostado eles.

4 de dezembro

Em Londres. Na estação de King's Cross esperava-nos o Luís
de Sousa Rebelo, sábio e discreto homem a quem devo algumas das páginas mais inteligentes e sensíveis que se escreveram
sobre os meus livros. Será a primeira vez que iremos ter ocasião
de conversar com tempo e descanso. Jantámos com ele e a mulher, María Dolores, espanhola como do nome se tira, pessoa
que, ou me engano muito, esconde por trás de uns modos secos,
cortantes, quase agressivos, aquela raposinha do *Petit Prince*
que implorava: «Apprivoise-moi, apprivoise-moi...» Ainda que
eu desconfie de que esta raposa começaria, irresistivelmente,
por morder a mão que se dispusesse a acariciá-la...

5 de dezembro

Com Luís e María Dolores, almoçámos em casa de Christopher
Maclehose, o meu editor. Em certa altura da conversa, afirmei

que o romance já não tinha por que continuar a contar histórias, que as histórias do nosso tempo as contam o cinema e a televisão, e que, sendo assim, ao romance e ao romancista não restava mais que regressar às três ou quatro grandes questões humanas, talvez só duas, vida e morte, tentar saber, já nem sequer «donde vimos e para onde vamos», mas simplesmente «quem somos». Koukla, a mulher de Christopher, uma francesa inteligentíssima, defendeu a necessidade da história, e eu concordei, mas somente como suporte útil, não como fim em si.

Informado das minhas dificuldades com o computador, Christopher prontificou-se a encontrar-me o transformador. Se o problema não se resolver em Londres, ainda tenho Lisboa, cidade onde a cada passo se encontram artefactos pré-históricos...

6 de dezembro

Por muito que eu proteste que *o Evangelho* é um romance, e portanto literatura, toda a gente aposta em querer saber o que eu penso (se mais me atrevo ainda a pensar) sobre Nosso Senhor Jesus Cristo, o Céu, o Inferno (a propósito do castigo eterno, saiu-me esta: «Um deus capaz de inventar o inferno não merece o nosso respeito») e todo o consequente bricabraque teológico. De acordo com Eugénio Lisboa, levei à conferência da embaixada o discurso de Manchester, e foi como se tivesse falado de dieta cárnica para uma assistência de vegetarianos. Ouviram com atenção bem-educada, mas não fizeram nenhum caso daquela ambiciosa ideia minha de fazer retornar o romance ao canto original, de convertê-lo em suma do conhecimento, em «poema que, sendo expansão pura, se mantivesse fisicamente coerente», como lá se diz. E também não pediram uma explicação mais precisa

168

do que pretendia eu dizer com isso de «um tempo poético, pertencente à recitação e ao canto, aproveitando todas as possibilidades expressivas do andamento, do compasso, da coloratura, melismático ou silábico, longo, breve, instantâneo». Ao público de Londres (cerca de 150 pessoas, segundo depois me disseram) o que sobretudo interessou foi o lado polémico do livro, a heresia, o sacrilégio, a impiedade. Nisso nos detivemos quase todo o tempo, mas não me queixo: no dizer de todos, a reunião foi um êxito, e houve mesmo quem afirmasse que eu tinha feito ressuscitar a Anglo-Portuguese Society, que, com o King's College e a embaixada, teve parte na organização do evento. Christopher Maclehose, que assistiu, prometeu-me que até ao Natal irei receber em Lanzarote o maldito transformador. Quer dizer: nem mesmo a megametrópole Londres parece habilitada a fornecer, quando lho pedem, um acessório elétrico tão simples. Começa a formar-se no meu espírito uma dúvida: existirá realmente a Philips?

Jantámos no Café Rouge, nós, o casal Rebelo, Eugénio Lisboa, o Hélder Macedo e a Suzete, a Fernanda e o Bartolomeu dos Santos, queridos anfitriões em Sintra. Conversa animada e cordial. Mas, como ando em maré de curiosidades metafísicas, pergunto-me: «Quem sou eu para estas pessoas?» Ainda que, provavelmente, devesse começar por procurar resposta à outra pergunta: «Quem são elas para mim?»

7 de dezembro

Em Sevilha uma vez mais, agora para uma conferência na Biblioteca Pública com que se rematará o ciclo «El Mito y lo Sagrado en la Literatura Contemporanea». Como de literatura contemporânea não sei muito, e ainda menos numa área particular e tão rigorosamente definida, propus aos organizadores do ciclo falar do que melhor conheço: o que faço. Estiveram de acordo. Com algumas ideias bebidas em Jacques Vidal e umas tantas vistas mais ou menos pessoais, armei um texto com um título que de modesto nada tem: «Pecado, culpa, poder na estrutura trágica do *Evangelho segundo Jesus Cristo*.» Não dará para mais que meia hora, mas confio que as perguntas dos assistentes me ajudem a arredondar o tempo.

10 de dezembro

Terminou bem, para não dizer em melhor, esta volta em Manchester começada. O auditório da Biblioteca estava repleto, o interesse foi grande, viva a participação dos assistentes, e a sessão, que tinha começado às 8, só terminou às 10. Uma vez mais, não se falou de literatura: com este livro, não há mais remédio que deixar-se ir atrás do público, porventura cansado, sabe-se lá, de ouvir falar só de livros quando de livros se fala. Ao menos, este romance tem a virtude de atirar as pessoas para o meio da discussão. Não se trata tanto de tomar partido a favor ou contra o livro, mas sim de situar-se cada qual perante a sua própria vida, a sua mentalidade e a sua cultura, impregnadas, todas elas, de cristianismo, até à medula. As pessoas sentem-se interpeladas e falam. O mau disto, como dizia há dias o Luís de Sousa Rebelo, é começarem a ver-me como uma espécie de *guru*...

11 de dezembro

O avião para Lanzarote não quis descolar. Já lançado a não sei quantos quilómetros por hora na pista, subitamente a velocidade diminuiu. Tinha parado um reator. A avaria, soube-se depois, era séria, não podia ser reparada ali, tivemos de esperar por outro avião que nos levasse. São coisas que acontecem, disseram-nos. Mas se esta tivesse acontecido um minuto mais tarde, com o avião já no ar, a precisar ainda de toda a potência para ganhar altura, provavelmente ter-nos-íamos estatelado...

12 de dezembro

Leio um ensaio que me foi oferecido pelo seu autor, Adrián Huici, em Sevilha, antes da conferência. Chama-se «Historia y Ficción en *Historia del Cerco de Lisboa*», e deixa-me simultaneamente estupefacto e agradecido: é, sem nenhuma dúvida, o mais agudo, o mais inteligente estudo até agora feito sobre este livro. Disse-me Huici que espera publicá-lo numa revista (não disse qual, talvez a *Renacimiento*, de Sevilha), mas seria ótimo que o texto pudesse ser conhecido em Portugal. Falarei com Zeferino quando ele vier.

16 de dezembro

De uma carta de Zeferino Coelho, hoje recebida: «Quero testemunhar-lhe a minha alegria pela maneira como tudo se passou: *a inesperada* afluência de público, enchendo a sala, as esplêndidas intervenções de Saramago — a segurança delas,

171

a inteligência que nelas revelou, o tom cativante (em extremo) com que soube apresentar as suas ideias. [...] Em 28 anos completos de Inglaterra nunca vi cá chegar um nosso compatriota que tanto *convencesse* que AFINAL temos uma *literatura.*» As palavras, os sublinhados e as maiúsculas são do Alexandre Pinheiro Torres. Para que não se diga que eu ando a escrever mentiras e a cultivar narcisos neste caderno...

17 de dezembro

Voltei — timidamente — ao *Ensaio.* Modifiquei umas quantas coisas, e o capítulo ficou bastante melhor: a importância que pode ter usar uma palavra em vez de outra, aqui, além, um verbo mais certeiro, um adjetivo menos visível, parece nada e afinal é quase tudo.

18 de dezembro

Um mês e meio depois que Monsieur Le Belge diz ter feito a expedição, a gabardina ainda não chegou — se chegará alguma vez. Ao menos fiquei a saber em que consiste a diferença entre um português e um belga: o português, preocupado com a falta que estaria fazendo àquele senhor o mantéu, despacha-o por correio expresso; o belga, com tanto de egoísta como de avarento, envia-o tranquilamente por caminho de ferro. Que sarcástica canção teria feito Jacques Brel, se fosse vivo e conhecesse esta história...

Carmélia telefona para nos dizer que *Divara*, de vento em popa, ficará em cartaz até fevereiro, mais um mês do que se previa.

172

E que vai gente da Holanda, de autocarro, para ver a ópera... Portugal, esse, não sabe nada. E Lisboa, capital cultural da Europa, apresentará dezoito óperas durante o ano que vem. Os organizadores do programa musical não ouviram falar de *Blimunda* nem de *Divara*, essas insignificâncias...

20 de dezembro

Chegou a família para passar o Natal connosco: Violante, o meu genro Danilo, os dois netos, Ana e Tiago. Tirando uns primos que nunca vejo, o resto foi ficando pelo caminho.

21 de dezembro

Em dois dias, três longuíssimas e fatigantes entrevistas por telefone, duas para jornais de Israel, outra para S. Paulo. Uma das jornalistas, de Telavive, no fim da conversa, disse-me que se tinha acabado de publicar ali uma antologia de Fernando Pessoa e que o livro era anunciado como sendo de um autor do país de Saramago... Espero que os israelitas leiam rapidamente o Pessoa para poderem inverter os termos da imprópria frase, passando o Saramago a ser do país de Pessoa. Por duas razões, ambas igualmente óbvias: a primeira, ter o Pessoa nascido primeiro; a segunda... Ah, a segunda...

24 de dezembro

Tocaram à porta da rua, pensei que fosse o carteiro e fui atender. Encontrei-me com quatro inesperados portugueses: o Sérgio Ribeiro e a Maria José, o Manuel Freire e a Iva. Poucas visitas me têm dado tanta satisfação, não só pela amizade que, por razões mais ou menos próximas, me une a todos eles, mas porque subitamente me aparecia ali um Portugal de que já quase estava esquecido: essa terra que nunca foi tão nossa como quando a vivemos como o presente sofredor que era, mas com um futuro que haveria de ter pelo menos o tamanho da nossa esperança... Enquanto conversávamos, pensei no longo e persistente trabalho do Sérgio, paciente como um beneditino, essa incansável maneira que ele tem de regressar às questões que o preocupam, com a ideia obsessiva de que é preciso deixar tudo claro e de que se para isso tiverem faltado algumas palavras, essas não serão suas. E o Manuel Freire, uma espécie de irmão gémeo do Assis Pacheco, tanto no físico como no jeito de quem terá decidido um dia não tomar-se demasiado a sério e recusar-se a dar contas disso aos intrometidos. Mas a *Pedra Filosofal* vai ter de regressar um dia destes, sinto que se aproxima o tempo em que iremos precisar dela outra vez.

25 de dezembro

Não é pequena contradição ser dotado de tão pouco sentimento familiar e ter tanta necessidade de uma família. E isto sei eu que não tem remédio. Dir-se-á que tenho a Pilar, mas Pilar não é família, é Pilar. Só por ela não me sinto num deserto.

28 de dezembro

Uns partem, outros chegam. Foi-se a família, foram-se os portugueses inesperados (pude, enfim, falar português até cansar-me), e agora chegaram Zeferino e Ana, e outra Ana, a González, uma amiga que é professora de Matemática no Instituto Espanhol, em Lisboa. Afastam-me do trabalho, mas, como o apetite dele não tem sido grande nestes dias, o prejuízo também não o é. Faço de contas que estou eu de férias, sem deveres que aborreçam nem devoções que distraiam. Mas torna-se cada vez mais claro que ou decido isolar-me brutalmente (saiu esta palavra, deixo-a ficar), ou os livros daqui em diante levarão o dobro ou triplo de tempo a serem escritos.

30 de dezembro

Continuam a chover-me em casa os convites. De Bernard-Henri Lévy, em nome da *chaîne* franco-alemã ARTÉ, para um encontro em Paris, de 5 a 7 de maio, sobre o tema «L'Europe: et si on recommençait par la culture?»; de José Sasportes, da Fundação Calouste Gulbenkian, para participar, em 19 de março, num colóquio sobre o tema «A Descoberta»; Marta Pessarrodona, de Barcelona, vem recordar-me que respondi afirmativamente ao convite, então informal, que ela me tinha feito há tempos, em El Escorial, para participar no sétimo encontro da Comissió Internacional de Difusió de la Cultura Catalana, de 16 a 20 de março; e, agora mesmo, da Universidade de Salamanca, escreve-me Joaquin García Carrasco a convidar-me a fazer parte do júri do Prémio Reina Sofia de Poesia Iberoamericana... Já tomei decisões: fico-me com Paris e Salamanca, não irei a Lisboa, e, quanto a Barcelona, paciência, quebro a minha palavra. Aliás, não sendo como Santo António, não poderia estar em dois sítios ao mesmo tempo. Devo dizer, no entanto, que Lisboa me interessaria: o texto explicativo dos propósitos do colóquio, escrito por Paulo Cunha e Silva, do Instituto de Ciências Biomédicas Abel Salazar, é altamente estimulante. E eu iria ter, como companheiros de mesa-redonda («A Hipótese» é o título), pessoas a quem estimo, como a Teresa Beleza e o Cláudio Torres...

31 de dezembro

Ray-Güde enviou-nos fotografias do colóquio de Frankfurt e da ópera em Münster, que me fizeram apetecer tomar um avião e ir ver o espetáculo outra vez. Com as fotografias vinha uma carta de uma leitora italiana, Gabriella Fanchini, de que aqui deixo constância, não pelos louvores que, por hiperbólicos, não transcrevo, mas por causa de duas ou três palavras reveladoras de um sentimento que julgo ser capaz de compreender, mas que seria trabalhoso analisar: diz ela que a leitura de *Levantado do Chão* a deixou «melancolicamente» mais feliz... Creio que nunca se disse nada tão bonito sobre um livro.